车辆限行条件下的生产-配送联合决策方法

都 牧 著

科 学 出 版 社

北 京

内 容 简 介

我国雾霾问题频发，许多城市已经颁布并实施重污染天气下的机动车限行措施，严重影响了城市物流配送作业的按时完成。因此，在车辆限行条件下，物流配送企业如何对订单分拣、包装以及配送作业进行联合决策是当前产业界亟待解决的难题。本书以提高在不确定环境下生产配送决策水平为目标，提出了生产-配送联合决策的二阶段优化方法，将原问题分解为资源优化和作业调度两个相对独立的结构化子问题，并针对子问题结构特点设计了相应的随机规划和联合调度算法，最终形成原问题的整体决策方案，得到可以使供应链整体满意的生产配送资源的优化配置方案以及快速有效的日常生产配送作业计划生成方法。

本书可供物流管理、物流工程、管理科学与工程等相关专业的学生、科研工作者以及从业人员参考。

图书在版编目（CIP）数据

车辆限行条件下的生产-配送联合决策方法/都牧著. —北京：科学出版社，2022.3

ISBN 978-7-03-070164-0

Ⅰ. ①车…　Ⅱ. ①都…　Ⅲ. ①机动车-交通运输管理-影响-工业生产-物资配送-决策方法　Ⅳ. ①F406.2②U491

中国版本图书馆 CIP 数据核字（2021）第 211491 号

责任编辑：杨慎欣　张培静 / 责任校对：樊雅琼

责任印制：吴兆东 / 封面设计：无极书装

科学出版社出版

北京东黄城根北街 16 号

邮政编码：100717

http://www.sciencep.com

北京中科印刷有限公司印刷

科学出版社发行　各地新华书店经销

*

2022 年 3 月第　一　版　开本：720×1000　1/16

2022 年 3 月第一次印刷　印张：9

字数：181 000

定价：99.00 元

（如有印装质量问题，我社负责调换）

前　言

在按单生产的供应链中，负责订单装配和物流配送的加工配送中心作为核心业务部门，其生产（订单装配）和配送（订单配送）的过程联系紧密，且决策水平直接影响企业的利润和服务质量，在生产-配送联合决策供应链运营管理中非常重要。为应对雾霾等环境问题，我国许多城市在重污染天气下对传统能源车辆在城区内行驶进行了限制，这极大地影响了此类加工配送中心的日常作业，造成此类企业无法按时完成订单，影响企业的生存和发展。特别是，随着绿色发展理念的不断深化，实施低碳环保的绿色配送，优化车队配置，如何将能源利用率高且“零排放”的新能源车辆应用到城市物流配送中，并构建环保科学的配送作业调度决策方法，是当前物流业绿色发展中最关键、最亟待解决的问题，受到了政府和产业界的共同关注。因此，在车辆限行条件下，如何进行生产-配送联合决策，是亟待解决的难题。

具体而言，车辆限行措施的执行和客户需求的波动使系统中生产-配送资源的可用性和需求量变得不确定，既会影响资源优化这一长期战术决策，又会影响作业调度这一日常运营决策。车辆限行条件下的生产-配送联合决策需要同时考虑上述两个相互影响的决策问题，是一个不确定条件下的动态、非结构化复杂决策问题，用现有的理论方法难以解决。

针对上述难题，本书借鉴序贯决策思想，以提高不确定环境下的生产配送决策水平为目标，提出生产-配送联合决策的二阶段优化方法，将原问题分解为资源优化和作业调度两个相对独立的结构化问题，同时引入随机规划理论和联合调度方法，提出生产-配送资源优化的二阶段随机规划方法和给定资源下的生产-配送作业联合调度方法，实现两阶段问题的整体决策，得到可以使供应链整体满意的生产配送资源优化配置方案和快速有效的日常生产配送作业计划生成方法，为按单生产供应链加工配送中心运营提供决策支持。

本书按“提出问题、分析问题、解决问题”的思路展开论述，共 6 章。第 1 章是绪论，阐述了本书的研究背景和意义、相关研究现状，以及本书的整体框架。第 2 章是车辆限行条件下生产-配送联合决策问题界定与决策分析。第 3 章是车辆限行条件下生产-配送资源优化的二阶段随机规划方法。第 4 章是车辆限行条件下包含装配作业的生产-配送作业联合调度方法。第 5 章结合北京市某生鲜蔬果“农-宅”在线零售企业的实际运营数据和北京市的实际交通数据进行算例分析与实例验证。第 6 章为主要的结论。

本书融合序贯决策方法、随机规划理论和联合调度方法，对车辆限行条件下生产-配送联合决策难题进行了有益探索，为解决此类不确定条件下包含两个阶段（长期和短期）的多作业（生产和配送）联合决策动态的、非结构化的难题提供了新的理论方法，研究成果有利于丰富多阶段多作业联合决策的理论与方法，同时延展了随机规划和联合调度相关方法。在应用方面，本书可以为车辆限行这一新条件下我国按单生产的相关企业的生产配送过程提供决策支持，为解决当前雾霾频发情况下城市物流相关企业的生产-配送难题提供科学有效的解决办法，保障和促进我国相关产业的生存和发展。

本书相关研究工作获得了国家自然科学基金项目“城市绿色物流多能源车队配置-调度的联合优化方法研究”（71801039）的资助。

由于作者水平有限，书中不足之处在所难免，殷切希望有关专家和广大读者批评指正。

都 牧

2021 年 8 月 1 日

目　录

1 绪论

1.1 研究背景与意义

1.1.1 研究背景

生产与配送是供应链中的核心环节，具有很强的前后关联性，同时又存在着不同的能力约束和利益目标，其运营管理的联合决策具有高度复杂性和挑战性，是学术界和产业界共同关注的前沿性的难点。特别是按单生产（即以销定产）模式下订单的生产和配送过程，客户需求和配送要求具有很强的差异性，同时在整个供应链中其创造的附加值最多，运作成本所占比例最高，服务水平直接影响到客户满意度，因此上述生产-配送联合决策是供应链运营管理中最复杂也是最重要的决策。

我国是制造业大国，产业发展促进了社会经济的繁荣，但同时也诱发了雾霾等环境问题。为了缓解这一问题，我国许多城市开始颁布并实施机动车辆限行管理措施，根据空气质量状况限制以汽油、柴油等传统能源为动力的车辆（简称传统能源车辆）在城市道路行驶，这给生产配送过程带来了不确定性，为相应的运营管理带来了新的挑战并增加了复杂性，诱发了一系列新的问题，这些问题如果得不到合理解决，将对我国产业发展造成巨大影响。因此在车辆限行这一新背景下，研究生产-配送联合决策，既有理论意义又有实际价值，是学术界、产业界和政府共同关注的课题。

城市物流具有客户规模大、密度高且配送作业频繁的特点，配送车辆需要长时间行驶在市区路段并多次停车启动。然而，我国物流业长期处于粗放型发展模式下，管理理念落后，配送车辆老旧，碳排放量超标，这使得城市中本就严峻的环境问题“雪上加霜”。随着绿色发展理念的不断深化，改进城市物流管理模式，实现低碳环保的绿色配送，已经成为我国政府和物流企业面临的重要课题。将能源利用率高且“零排放”的新能源车辆应用于城市物流配送，优化车队配置，提高配送作业调度的环保性和科学性，也是目前实现城市物流绿色发展中最关键、最亟待解决的问题。

本书研究的“生产-配送联合决策”课题源自国家自然科学基金重大项目“新兴电子商务重大基础问题与关键技术研究”子课题 3“面向服务的商务智能与知识管理方法研究”中的示范工程建设——有机蔬果直销的“农-宅”对接的移动商务平台：通过将移动商务的技术应用到蔬果网上直销过程中，将农户与消费者直接连接起来，可以有效地缩短我国生鲜产品的供应链，降低中间损耗与交易成本，提高农民收入，同时也可以有效缓解城市居民所面临的因通勤时间过长而难以及时购买蔬果的问题。然而在后续生产配送运营中，作者观察到，受雾霾导致的车辆限行措施和交通拥堵影响，负责订单装配和物流配送的加工配送中心往往难以按时完成当日作业任务，导致库存增长、日常运营成本急剧升高以及客户满意度急剧下降。根据 Euromonilor 数据，2010 年到 2019 年，中国居民生鲜购买渠道的市场总份额中，线上市场的份额从0.5%增至6.3%。根据艾瑞咨询2021年8月发布的《2021年中国生鲜电商行业研究报告》，2020年的生鲜电商实际规模达到4585亿元，预计2023年市场规模将达到万亿。但是，受到加工配送中心作业成本制约，多数企业难以盈利。因此，在车辆限行条件下进行生产-配送联合决策以降低生产配送运营成本、提高作业效率，对于推动我国生鲜蔬果电子商务的产业发展、解决我国“三农问题”、提高我国城市居民生活质量有着重要的意义。

具体而言，政府实施车辆限行措施会导致物流企业车队日常可用车辆数量变得不确定，影响日常生产配送任务的顺利完成。此外，客户需求（订购产品数量和订单要求送达时间）的波动和城市交通拥堵造成的配送时间波动，也使得完成生产配送作业所需要的设备和车辆数量变得不确定。在上述条件下，生产配送资源的可用性和需求量都变得不确定，因此在进行生产-配送联合决策时，还需要同时考虑资源配置优化和日常作业调度这两个相互影响的决策问题，极大地增大了决策难度。此外，我国城市物流企业对于新能源车辆的采购还处于战略规划和探索阶段，而日常作业调度通常是以最小化成本为目标进行决策。受到企业资金约束、电池续航能力和相关配套设施的制约，物流企业无法一次性将配送车辆全部更换为新能源车辆，因此在“绿色升级”的过程中，企业会逐步用新能源车辆替代传统能源车辆，在这期间城市物流配送车队中会包含多种能源（传统能源、电动、油电混合、替代能源等）车辆，给车队优化配置和配送调度带来了新的特征。

除了城市物流行业以外，在竞争日益激烈的制造业中，我国越来越多的企业开始提供客户定制化的产品和订单，以满足客户的个性化需求，从而提高竞争力。但是，当前环境污染严重，越来越多的城市开始颁布和实施车辆限行管理措施，严重影响了此类企业的生存与发展。因此，在这一新形势下，如何对生产配送进行联合决策以应对系统中的不确定性并提高供应链整体运营水平是供应链管理领域亟待解决的问题，也是学术界和产业界共同关注的焦点，因此本书的研究具有重要的理论意义和实际价值。

生产-配送联合决策包含“干什么”（生产配送任务是什么）、“怎么干”（由谁完成生产配送任务）和“如何干”（如何完成生产配送任务）三个问题。而本书研究对象是按单生产模式下订单的生产与配送决策。具体而言，生产是指根据客户需求对产品进行拣选、装配最终形成订单包裹的过程，配送是指按照客户指定的配送时间，将客户订单包裹送至指定配送地点的过程。在这一背景下，上述生产-配送联合决策的三个问题具有以下特点：第一，按单生产使得每天的生产和配送任务是已知的；第二，车辆限行条件下生产设备和配送车辆的可用性和需求量变得不确定，因此需要对生产设备和配送车辆资源进行优化；第三，由于每天的可用资源数量和客户需求不同，因此每天还需要根据具体的生产配送任务和可用资源生成作业调度。综上所述，本书的生产-配送联合决策包含了资源优化和作业调度两个方面，且在本书的不确定条件下这两个方面的决策相互影响。

在生产-配送联合决策领域，一些学者从日常作业调度角度出发，对生产和配送作业调度建立一个整体的优化模型，实现整体利益最大化或成本/工作时间最小化[1-2]，同时也有一些学者从供应链结构设计的角度出发，研究工厂选址、产能计划和配送方式选择等战略决策的联合优化问题[3]，以提高供应链整体运营表现。然而，在本书车辆限行条件下的生产-配送联合决策问题中，简单地根据传统思路依次对资源优化和作业调度这两个相互影响的问题分别进行决策，难以得到使得供应链整体表现最优的解。这是因为，车辆限行导致的不确定性会影响车辆资源的可用性，客户需求不确定也会影响对于包装设备资源的需求，进而影响后续日常生产配送作业的协同性，同时考虑整体成本再进行资源配置决策也会受到不同资源约束下日常作业成本的影响。这些新的决策要求使得现有的研究成果很难直接用于本书关注的决策问题中。因此，车辆限行下的生产-配送联合决策是一个不确定条件下动态、非结构化的复杂决策问题，难以用现有的决策模型和方法描述和解决。

本书针对车辆限行条件下生产-配送联合决策这一难题，借鉴序贯决策思想，提出二阶段优化方法，将上述决策分解为资源优化和作业调度这两个相对独立又联系紧密的结构化的静态问题。基于随机规划理论和联合调度方法，提出生产-配送资源优化的二阶段随机规划方法和给定资源下的生产-配送作业联合调度方法——在进行资源优化决策时考虑不确定条件下生产-配送作业成本，此后在日常作业过程中将上述资源优化结果作为输入进行生产-配送作业联合调度决策——从而化简了原来的复杂决策难题，并从整体上对两阶段问题进行优化，得到使得供应链整体满意的资源配置和日常生产配送作业调度方案。该决策方法克服了车辆限行导致的不确定条件下的生产配送决策难题，为此类包含长期战略和短期运营的两阶段的不确定条件下的管理决策问题提供新的理论方法，为解决城市物流相关企业降低日常生产和配送成本、提高服务质量、实施绿色配送提供决策支持。

1.1.2 研究意义

负责按单装配和物流配送的加工配送中心作为供应链中的核心部门，其生产和配送作业决策问题已经成为学术界和产业界共同关注的热点与难点问题。特别是在车辆限行这一新形势下，研究如何应对生产配送系统中的不确定性，提高生产配送决策质量、保障日常作业顺利进行，对于不确定型决策理论的深化和相关产业发展都具有重要意义。

理论层面上，本书提出了车辆限行条件下生产-配送联合决策的二阶段优化方法，将上述联合决策问题分解为生产-配送资源优化的二阶段随机规划和确定性的生产-配送作业联合调度这两个结构化的问题，以化简原来的复杂决策难题，并通过序贯决策和随机规划实现对两阶段问题的整体优化，为此类不确定条件下包含两个阶段（长期和短期）的多作业（生产和配送）联合决策问题提供新的求解思路。与此同时，本书提出生产-配送资源优化的二阶段随机规划模型和求解算法以及包含装配作业的生产-配送作业联合调度整数规划模型和求解算法，调度决策为求解解空间大、随机参数波动剧烈且情景规模大的二阶段随机整数问题提供新算法，为描述和求解包含多个生产阶段的生产-配送作业联合调度问题提供新工具。这一成果有利于丰富多阶段多作业联合决策的理论与方法，同时延展了随机规划和联合调度相关方法。

应用层面上，结合某生鲜蔬果“农-宅”直销电子商务实践，考虑实际运营中的不确定性，对此类按单生产加工配送中心的生产-配送联合决策问题提供科学有效的解决方法。针对不同车辆限行条件提出相应的生产配送资源优化策略，同时在给定资源决策下为企业提供快速有效的日常生产配送计划生成方法。本研究可为我国按单生产模式下的相关企业在车辆限行这一新条件下的加工配送中心生产配送运营提供决策支持，为雾霾频发情况下城市物流相关企业的生产-配送联合决策难题提供科学有效的解决方案，有利于提高此类供应链的决策水平和运营质量以及城市物流企业服务水平。研究成果对于促进我国生鲜蔬果电子商务的产业发展、解决我国“三农问题”，以及提高我国城市居民生活质量有着重要的意义，同时对于我国类似的按单生产制造业和城市物流企业的生存和发展具有巨大促进作用。

1.2 国内外相关工作研究进展

本书研究的车辆限行条件下生产-配送联合决策问题，是在考虑客户需求、配送车辆数量和配送时间不确定的条件下，基于随机规划理论和联合调度方法，对按单生产模式下加工配送中心的生产配送的资源优化和作业计划进行决策。与本书相关的研究工作包含以下四个方面：①二阶段随机规划方法；②生产-配送资源优化问题；③生产-配送作业联合调度问题；④车队优化配置。因此，本节将围绕这四个方面展开对现有研究进展的综述。

1.2.1 二阶段随机规划方法的研究进展

随机规划作为当前处理不确定条件下决策问题的最常用方法，最早由 Dantzig 在 1955 年提出[4]，后被广泛应用于生产运作管理、金融、风险控制等领域。根据不确定参数在模型中的度量方法不同，现有不确定条件下的决策方法包括鲁棒优化和模糊规划[5-6]。其中，鲁棒优化中的某些参数是无法完全确定的或其对应概率是不确定的[7]，模糊规划中不确定参数是不明确或模糊的[8]，而随机规划中不确定参数的概率分布是可知的。具体来说，根据问题的结构特征，随机规划问题可以分为单阶段随机规划问题、二（多）阶段随机规划问题和概率化问题[9]。而本书研究的问题属于随机规划问题中的二阶段随机规划问题，因此在这一小节将对二阶段随机规划的一般模型和相应的求解算法进行综述。

1. 二阶段随机规划模型

二阶段随机规划（又称为带补偿的随机规划）是随机规划问题中最常见的模型，其一般形式如式（1.1）和式（1.2）所示[10]。而根据问题中随机参数服从的概率分布是否连续，随机规划可以分为基于连续分布的随机规划和基于情景的随机规划。

$$\begin{aligned} &\min_x c^{\mathrm{T}} x + \mathbb{E}_{\mathbb{P}}[Q(x,\xi)] \\ &\text{s.t.} \quad Ax \geqslant b \\ &\qquad x \in \mathbb{R}_+^{n_1 - p_1} \times \mathbb{Z}_+^{p_1} \end{aligned} \tag{1.1}$$

式中，

$$\begin{aligned} &Q(x,\xi) := \min_y q^{\mathrm{T}} y \\ &\text{s.t.} \quad Wy \geqslant h - Tx \\ &\qquad y \in \mathbb{R}_+^{n_2 - p_2} \times \mathbb{Z}_+^{p_2} \end{aligned} \tag{1.2}$$

其中，n_1、n_2、p_1 和 p_2 是非负整数，$p_1 \leqslant n_1$，$p_2 \leqslant n_2$，x 是第一阶段决策变量，y 是第二阶段决策变量，ξ 是第二阶段的随机参数，服从于概率分布 $\mathbb{P}$，(q,h,T) 是随机参数 ξ 的一个实现（realization）。式（1.1）表示的随机规划问题的目标是找到可以使得第一阶段成本和第二阶段（补偿阶段）问题最优值的期望之和最小的第一阶段解。当 $p_2 \geqslant 0$ 时，称这一问题为二阶段随机整数规划问题。式（1.2）定义了第二阶段（补偿阶段）问题的最优值 $Q(x,\xi)$ 的计算方法，用于在进行第一阶段决策时度量随机性的影响。

基于连续分布的随机规划是指模型中的随机参数服从于一个连续的概率分布，一般采用数学期望的方法对决策效果进行评价。在供应链中，连续性随机参数通常用来描述需求的不确定性[11-13]。此外，连续性随机参数还被用于描述设施的可用性和可靠性[14]以及交通网络的连通性[15]，此类模型的目标是建立一个可以应对各种扰动事件的可靠性或可恢复性高的供应链网络[16]。

基于情景的随机规划是指用离散的、具有已知概率分布的情景表示服从于不同分布的独立随机参数，从而简化随机规划问题的描述，主要分为二阶段和多阶段随机规划模型，本书主要介绍二阶段随机规划模型，关于多阶段随机规划模型具体参见 Birge 等[9]和 Kall 等[17]的著作。在基于情景的随机规划模型中，通常假设随机参数 ξ 是一个具有有限离散支的向量，因此随机参数 ξ 可以通过有限的实现来表示，称作情景。用 S 表示情景集合，情景数量为 $|S|$，则 $\xi^s (s \in S)$ 是随机参数 ξ 的一个实现，而 $\Xi = \{\xi^1, \xi^2, \cdots, \xi^{|S|}\}$ 是随机参数 ξ 的一个抽样（支撑），对应的概率分别为 $\pi^1, \pi^2, \cdots, \pi^{|S|}$，则二阶段随机规划模型可以写为

$$
\begin{aligned}
&\min_x c^{\mathrm{T}} x + \sum_{s \in S} \pi^s Q(x, \xi^s) \\
&\text{s.t.} \quad Ax \geqslant b \qquad\qquad (1.3) \\
&\qquad x \in \mathbb{R}_+^{n_1 - p_1} \times \mathbb{Z}_+^{p_1}
\end{aligned}
$$

式中，

$$Q(x,\xi^s) := \min_{y^s} q^{s\mathrm{T}} y^s$$

$$\text{s.t.} \quad W^s y^s \geqslant h^s - T^s x, \quad s \in S \tag{1.4}$$

$$y^s \in \mathbb{R}_+^{n_2 - p_2} \times \mathbb{Z}_+^{p_2}, \quad s \in S$$

其中，$\xi^s = (q^s, W^s, T^s, h^s)$，$q^s \in \mathbb{R}^{n_2}$，$W^s \in \mathbb{R}^{m_1 \times n_2}$，$T^s \in \mathbb{R}^{m_1 \times n_1}$，$h^s \in \mathbb{R}^{m_2}$。

以上给出了基于情景的二阶段随机规划模型的一般形式。在供应链管理研究中，基于情景的随机规划最早是由 Sheppard[18]在 1974 年应用在设施选址问题上的，此后这一领域中基于情景的随机规划方法被大量应用，具体将在 1.2.2 节中综述。

2. 二阶段随机规划问题求解算法

基于情景的随机规划难点问题主要有两个[19]：一是如何创建问题的情景和对应的概率分布，二是当情景增多时如何求解对应的大规模优化问题。而当前随机规划中情景创建方法主要分为两类：给定情景集合和用基于抽样的方法动态生成情景集合[20]。通常基于抽样的情景生成方法，如抽样平均近似方法（sample average approximation，SAA），可以用于解决随机参数服从连续分布的随机规划问题，以克服因计算此类随机参数数学期望带来的求解难度[21]，在供应链管理领域被用于解决供应链网络设计等问题[22-24]。本书问题的随机参数不服从连续分布，因此关于此类算法研究本书将不展开描述，具体可以参考 Homem-de-Mello 等[20]和 Romeijnders 等[25]的综述文章。

当问题的情景集合确定以后，随机规划问题可以等价地转化为一个确定性问题，当问题求解简单或情景规模较小时可以用标准的商业数学规划求解软件求解。然而本书的二阶段随机整数规划是一类求解和计算难度很大的问题，因为其中包含了优化领域两类比较困难的问题：随机规划问题和整数优化问题。针对上述求解难题，在供应链管理领域考虑选址和配送等问题的随机规划研究中，相关学者使用了启发式算法[26-28]，然而这些算法都是基于具体的问题特征开发的，普适性较低。此外，更多的研究集中在基于分解思想的求解算法，主要分为 L-shaped 算法[29]、基于拉格朗日松弛的情景分解算法[30]和随机分支定界算法[31-32]（stochastic branch-and-bound method，SBB）这三种框架，根据具体求解问题特征进行相应的改进。下面将分别对这三类算法的研究进展进行综述。

（1）L-shaped 算法。

L-shaped 算法是现有随机规划问题研究中常见的求解算法，最早由 van Slyke 等[29]提出，此后 Birge 等[33]在此基础上提出了多切割 L-shaped（multi-cut L-shaped）算法，提高了收敛效率。这类算法主要思路是，尽可能地将主问题（原问题）分解为接近于总情景数量的子问题，并对其不断迭代求解直到达到停止标准。

根据文献[9]，在给定情景集合和对应概率下，二阶段随机规划模型（1.3）和模型（1.4）可以改写为展开形式（extensive form，EF）：

$$\min_{x} c^{\mathrm{T}} x + \sum_{s=1}^{S} \pi^{s} q^{s\mathrm{T}} y^{s}$$

$$\text{s.t.} \quad Ax \geqslant b \tag{1.5}$$

$$T^{s} x + W y^{s} = h^{s}, \quad s \in S$$

$$x \geqslant 0, y^{s} \geqslant 0, \quad s \in S$$

因此，式（1.5）及其对偶问题的约束条件的结构可以表示为如图 1.1 所示的形式。

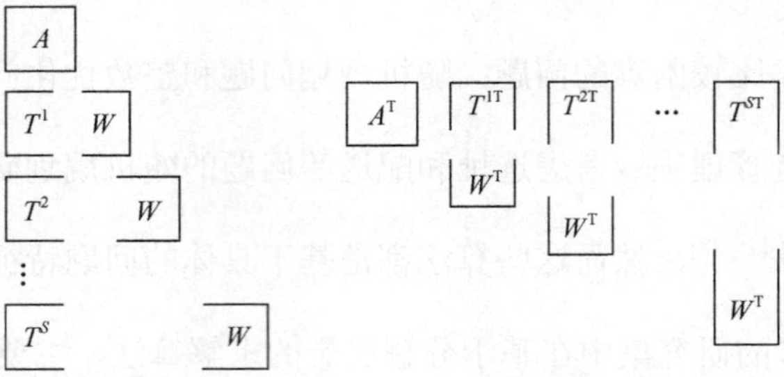

（a）原问题EF （b）对偶问题EF

图 1.1 二阶段随机规划模型展开形式及其对偶问题的结束条件的结构表示

显然，二阶段随机规划问题的展开形式及其对偶问题具有较好的问题结构，可以根据阶段和情景对问题进行分解。用不同的分解方法，如 Benders 分解和 Dantzig-Wolfe 分解，进行求解。

当前，许多学者针对二阶段随机整数规划模型中决策变量的不同特征对 L-shaped 算法进行了改进。Carøe 等[34]针对第一阶段和第二阶段都是混合整数决策变量的问题，在第一阶段问题的解空间中引入非线性整数规划对偶函数用以近似第二阶段问题函数值，然而他们也指出运用这一方法会导致主问题中包含非线性（不连续）切割，提高问题求解难度。Sen 等[35]针对第二阶段包含整数约束的随机混合整数规划问题提出了一种基于分支切面（branch-and-cut）的分解算法，为随机混合整数规划奠定基础。Marufuzzaman 等[36]针对第一阶段问题是整数规划的选址配送二阶段随机规划问题提出嵌入拉格朗日松弛的 L-shaped 算法和多切割 L-shaped 算法，算法中通过拉格朗日松弛算法求解具有整数决策变量的主问题。Kim 等[37]针对二阶段随机整数规划问题，提出了一种改进 L-shaped 算法，通过混合整数取整不等式得到第二阶段补偿函数的凸包分解和找到先验的分支方向和策略这两种改进方法提高 L-shaped 的求解效率。Qi 等[38]针对两个阶段的决策都包含整数决策变量的二阶段混合整数规划模型提出一种基于 Benders 的分支切面法分解算法，利用在分支定界算法中嵌入 Benders 切割方法近似求解第一阶段问题，利用嵌入多项分离分割的凸化框架去近似求解第二阶段混合整数规划问题。Cobuloglu 等[39]针对第一阶段决策是 0-1 变量，第二阶段问题是混合整数规划问题的二阶段随机分支定界问题，提出一种分解算法并根据模型特点加入 Benders 切割。

（2）基于拉格朗日松弛的情景分解算法。

基于拉格朗日松弛的情景分解算法的核心思想是通过对非预测约束（即在每个情景下都会被满足的约束）进行拉格朗日松弛，则原随机规划问题可以根据每个情景分解成一个子问题（即每个情景对应一个确定性问题），从而降低问题求解的复杂度。如 Carøe 等[40]针对第一阶段和第二阶段都是混合整数决策变量的随机规划问题，提出了一种基于情景的分解算法，将第一阶段决策变量复制到每个情景下的问题中，利用非可预测约束保证这些第一阶段决策变量相等，并对非可预测约束加入拉格朗日松弛，这使得对应拉格朗日对偶问题可以根据情景分解并利用次梯度方法依次求解。而现有的大部分研究中，情景分解算法通常是用于估计原问题下界[24]，或者将其嵌入其他算法中用以提高算法性能[41-44]。

（3）随机分支定界算法。

随机分支定界算法是随机规划问题中另一类主要的求解算法，最早由 Norkin 等[31-32]提出。与确定性的分支定界算法类似，随机分支定界算法的基本思路是通过不断迭代分割第一阶段决策变量的解集合、求解原问题在子集上的上界和下界估计问题和删除特定子集的操作来达到求解的目的。然而，在随机规划的原问题的目标函数中包含多个极值问题，且在计算目标函数值时需要计算复杂的多维积分问题，因此很难求得子集对应的确切的上界，需要通过数学期望来估计原问题在子集中的上界和下界。具体而言，本书以式（1.6）为例，说明随机分支定界算法原理。

$$\min_{x\in X\cap D}\{F(x):=\mathbb{E}[f(x,\theta(\xi))]\} \tag{1.6}$$

式中，X 是一个欧几里得空间 $\mathbb{R}^n$ 的完备集合；D 是 $\mathbb{R}^n$ 的一个封闭子集；$\theta(\xi)$ 是定义在概率空间 $(\Omega,\Sigma,\mathbb{P})$ 的 m 维随机变量；$f:X\times\mathbb{R}^m\to\mathbb{R}$ 是一个一阶连续二阶可测的函数；$\mathbb{E}$ 表示数学期望符号。我们假设对于所有 $x\in X$ 都有 $f(x,\theta(\xi))\leqslant\bar{f}(x)$，且 $\mathbb{E}[\bar{f}]<\infty$，即式（1.6）中的数学期望是良定义的且连续的。这里为了简便，将 X 和 D 区分表示：X 表示一个简单集合（单纯性，六面体或整数网格等），而 D 表示由问题确定性因素决定的可行解集合。

在随机分支定界算法中，原完备解集合 X 被分割成子集 $Z\subseteq X$ 形成 X 的分割 $\mathcal{P}$，且 $\bigcup_{Z\in\mathcal{P}}=X$。因此，原问题被分割成如式（1.7）的一系列子问题：

$$\min_{x\in Z\cap D}\{F(x):=\mathbb{E}[f(x,\theta(\xi))]\},\quad Z\in\mathcal{P} \tag{1.7}$$

令 $F^*(Z\cap D)$ 为子问题对应的最优值，则整个问题的最优值可以表示为 $F^*=F^*(X\cap D)=\min_{Z\in\mathcal{P}}F^*(Z\cap D)$。

随机分支定界算法的主要思想是循环执行以下三个操作：①将集合分割为更小集合；②估计子集对应优化目标的上界和下界；③删除子集。其基本流程如算法 1.1 所示。

算法 1.1　随机分支定界算法的基本流程

初始化：初始分割 $\mathcal{P}_1=\{X\}$，观察独立随机变量 $\xi_1(X)$ 和 $\eta_1(X)$，令下界 $L_1(X)=\xi_1(X)$，上界 $U_1(X)=\eta_1(X)$。令 $k=1$。在循环开始之前，得到该循环的分割 $\mathcal{P}_k$，并估计每个子集的下界 $L_k(Z)$ 和上界 $U_k(Z)$，$Z\in\mathcal{P}_k$。

集合分割：选取子集 $Y_k=\arg\min\{L_k(Z):Z\in\mathcal{P}_k\}$ 和一个近似解 $x^k\in X_k\cap D$，其中 $X_k=\arg\min\{U_k(Z):Z\in\mathcal{P}_k\}$。构建集合 Y_k 的一个分割 $\Psi(Y_k)=\{Y_k^i,i=1,2,\cdots\}$ 使得 $Y_k=\bigcup_i Y_k^i$。于是生成一个新的分割 $\mathcal{P}_k'=(\mathcal{P}_k\setminus Y_k)\cup\Psi(Y_k)$。

集合删除：删除 $\mathcal{P}_k'$ 中不存在可行解的集合，即令 $\mathcal{P}_{k+1}=\mathcal{P}_k'\setminus\{Z\in\mathcal{P}_k':=Z\cap D=\varnothing\}$。

上界和下界估计：对于所有 $Z\in\mathcal{P}_{k+1}$，观测随机变量 $\xi_{k+1}(Z)$ 和 $\eta_{k+1}(Z)$，重新计算 $L_{k+1}(Z)=(1-\frac{1}{k+1})L_k(\bar{Z})+\frac{1}{k+1}\xi_{k+1}(Z)$，$U_{k+1}(Z)=(1-\frac{1}{k+1})\ U_k(\bar{Z})+\frac{1}{k+1}\eta_{k+1}(Z)$。这里，$Z\subseteq\bar{Z}\in\mathcal{P}_k$。令 $k=k+1$，返回集合分割。

以上给出了随机分支定界算法的基本框架。与 L-shaped 算法类似，在具体应用中，随机分支定界算法需要根据问题特征，设计开发相应的问题上界和下界估计算法。下面，本书就对现有随机分支定界算法的研究进行综述。Norkin 等[31]针对第一阶段和第二阶段都是纯整数变量的二阶段随机规划模型，提出了在估计问题上界和下界过程中采用 Monte Carlo 抽样和统计测量规则、在分支过程采用标准策略的随机分支定界算法，并证明了算法的收敛性。Ahmed[45]针对第一阶段是混合整数规划、第二阶段是整数规划的二阶段随机规划问题，提出了一种全局优化的随机分支定界算法，该算法的核心思想是通过引入变量转换机制将问题重写成一个不连续价值函数，以达到化简问题的目的。Andrade 等[46]针对第一阶段是整数决策变量的二阶段随机规划问题，提出了一种基于多根分支定界树的随机分支

定界算法，并嵌入 L-shaped 算法提高分支效率。Sherali 等[47]针对第一阶段和第二阶段都是混合整数决策变量的随机规划问题，提出了基于 Benders 分解的随机分支定界算法，构建问题解空间对应的凸包表示，并利用 Benders 分解方法估计问题在子集上的下界。Sölveling 等[48]针对二阶段随机整数规划问题，提出了一种嵌入排序启发式算法的随机分支定界算法。Yang 等[49]针对大规模的随机整数规划问题，提出了一种基于随机分支定界框架的混合算法，通过嵌入标号更新算法（label correcting algorithm）提高问题下界估计效率，并利用在不同抽样中生成的适应性路径信息来提高分支效果。Munguía 等[50]提出了一种适用于求解二阶段混合整数规划问题的随机分支定界平行算法，以提高求解效率。

以上介绍了二阶段随机规划模型并综述了相应的求解算法。可以看出，二阶段随机规划方法的主要决策过程遵循“决策 $x \rightarrow$ 观察 $\xi \rightarrow$ 决策 $y(\xi)$ ”这一思路，决策者需要在知道随机参数的具体实现之前对长期战略型的问题（如资源配置问题）进行决策，在决策时还要考虑不同的随机参数实现下短期的运营层决策问题（如生产配送作业调度）的成本，因此可以有效地描述本书的生产-配送联合决策问题。但是，建立随机规划模型需要知道情景对应的概率分布，现有的研究大多假设情景遵循某一个概率分布，难以反映实际中的不确定性因素，使得现有的随机规划模型无法描述具有多个随机参数且其概率分布难以用简单的概率分布表示的数学规划问题。而在求解方面，现有的方法都是基于算法框架（L-shaped 算法、基于拉格朗日松弛的情景分解算法或随机分支定界算法）根据问题特征开发和改进，因此无法直接用于求解本书这一类新的随机规划问题。同时 L-shaped 算法和基于拉格朗日松弛的情景分解算法由于涉及增加切割和计算对偶等问题，在求解整数规划过程中对问题结构要求较高，而随机分支定界算法则相对通用性更强，适用于求解本书第一阶段和第二阶段决策变量都是整数的这一类复杂的随机规划问题。然而，由于随机分支定界算法需要多次分割解集合并估计问题在集合中的上界和下界，当问题和情景规模增大时，求解效率会降低。当前许多学者对问题上界和下界估计算法和情景缩减算法进行了探索，提出了阶梯式的随机问题上界和下界估计算法[51-52]和情景分组算法[53-56]，因此，如何提高随机分支定界算法求解效率是本书要解决的另一个难点。

1.2.2 生产-配送资源优化问题的研究进展

上一小节已对二阶段随机规划模型和求解算法进行了综述，本小节将针对现有的生产-配送资源优化领域的随机规划研究进行综述。本书的生产-配送资源优化问题是考虑客户需求和配送过程的不确定性对不同型号设备和车辆的采购进行决策的随机规划问题。这一问题隶属于供应链设计问题，其中常见的决策问题包括：设施选址和设施数量决策，设施的产能和大小决策，不同生产加工设施的技术和空间决策，供应商选择，配送渠道选择等[21,57-59]。而在进行上述战略决策时，通常需要投入大量的资金，这些决策是很难改变且对于供应链的运营有着长期的影响（一般 3～5 年），这期间供应链中很多参数，如客户需求[60-62]、产能和成本等[63-64]都会产生波动。此外，在应急供应链领域，也有学者在决策时考虑了车辆故障和道路损毁这两种不确定性[65-67]。对于上述长期决策问题，如果在建模时没有准确预测和合理度量这些模型参数会造成决策的失效。所以近些年来，不确定条件下的供应链网络设计问题越来越受到产业界和学术界的重视[68]。具体来说，供应链网络设计问题是通过对供应链中生产方、供应方、运输方、存储方、零售方和客户这几个直接或间接相互关联的组成部分的结构进行优化，提高供应链整体的运营效率[69]，包括但不限于设施选址问题、供应商选择、配送渠道选择和产能决策等问题。本书研究的生产设备和配送车辆的资源优化问题就是属于这一大类研究。由于现有的针对生产-配送资源优化问题的随机规划研究较少，本书就2011年以来基于二阶段随机规划的供应链网络设计的相关模型展开综述。而关于二阶段随机规划模型的求解算法的研究已在1.2.1节中进行了综述，因此在这一小节中将不再介绍。

Dillon等[70]考虑在需求不确定条件下，以最小化运营成本以及血液存量不足或过剩造成的惩罚成本之和为目标，建立了血液供应链的库存管理的二阶段随机规划模型，并通过实例验证随机规划对提高血液库存管理的水平的必要性。Cobuloglu等[39]考虑在收益和价格的不确定条件下，以最大化经济和环境收益（包括温室气体排放、碳固存和土壤侵蚀等）为目标，针对食物和经济作物的种植配比决策建立二阶段随机规划模型，并提出基于特定Benders切割的分解算法，最后结合美国堪萨斯州的一个实际案例对模型进行验证。Lei等[71]考虑选址、库存、生产和配送成本与配送模式选择问题及环境因素对供应链计划的影响建立随机规划问题。Sadjady等[72]研究了多产品的两层供应链网络设计问题的随机规划模型，其中考虑了模式选择、生产提前期和库存成本，并通过建立基于拉格朗日的启发式算法求解该模型。Parisio等[73]研究了需求波动情况下，零售网店员工调度问题的二阶段随机规划问题，并通过瑞士零售网点的实际案例验证模型的有效性。Kim等[37]研究了需求波动下，员工雇佣和调度的二阶段随机规划问题。Singh等[74]研究了需求不确定条件下，带有产能限制的设施选址问题，并在目标函数中考虑库存和缺货成本。Bidhandi 等[23]考虑运营成本客户需求和设施产能不确定，研究了单产品供应链的设计的随机规划模型，最小化设施选址和后续客户订单生产配送费用。Döyen 等[75]以最小化设施、库存、运输和缺货的成本为目标，对灾前的人道救援物流网络设计决策建立二阶段随机规划模型，并基于用于求解确定性选址问题的拉格朗日松弛算法开发随机规划求解算法。Chen 等[76]考虑供给和需求不确定，以最小化供应链总成本为目标，针对乙醇燃料供应链中生产计划、原料采购和燃料配送的决策问题建立二阶段随机规划模型，提出基于拉格朗日松弛的情景分解算法对问题进行求解，并结合美国加利福尼亚州的一个实际案例验证了模型有效性。

以上本书回顾了供应链网络设计领域中包含随机规划模型的研究，可见二阶段随机规划模型可以有效地对不确定条件下的供应链中长期决策问题进行建模描述。然而当前生产配送系统的二阶段随机规划主要集中在设备选址这一类问题上，问题中考虑的不确定性因素较少（通常为 1～2 个），且假设情景的实现服从某一简单的概率分布。而本书车辆限行条件下的生产-配送资源配置优化问题考虑客户需求和配送过程的不确定的随机规划问题，其随机参数具有波动剧烈且难以用简单的概率分布描述的特点。同时，在本书研究问题的具体决策中，第一阶段是一个生产设备和配送车辆的资源联合优化问题，而第二阶段是一个生产和配送作业联合调度问题。因此，现有的供应链设计领域的随机规划模型和算法难以直接用于描述和求解这一问题，必须根据问题特征设计新的情景生成方法，并建立新的模型和算法。

1.2.3 生产-配送作业联合调度问题的研究进展

运营层面的生产配送作业计划决策问题是一个生产-配送作业联合调度问题，这类问题可以描述为以供应链整体的运营表现最优为目标对生产和配送作业计划/调度进行联合决策[77]，而描述这种对客户订单的生产机器和配送车辆的决策的模型被称为联合调度模型[2]。

近些年来，国内外许多学者围绕生产-配送作业联合调度问题进行了大量的研究，文献十分丰富。很多学者从不同的角度对现有文献进行了分类和综述。Chen[77]从决策层面（战术层、运营层）、协同结构（生产商-客户和供应商-生产商）和问题参数（单周期、确定性需求无限周期、动态需求有限周期）三个方面对生产-配送作业联合调度研究进行综述。Chen[2]提出了一种描述生产-配送作业联合调度问题的五元组表示方法，即根据生产机器配置、订单的限制、目标函数、配送过程和客户数量这五个要素对现有的生产-配送研究进行分类和综述。Fahimnia 等[78]从描述生产配送问题复杂程度（产品数量、客户数量和作业周期）和求解算法（精确算法、启发式算法、仿真模型和遗传算法）两个方面对现有的文献进行分类和综述。Wang 等[79]提出了生产-配送作业联合调度一般化的数学模型表达方式，并根据生产和配送过程中间是否有成品的中间库存这一因素，将已有研究分为生产-配送作业联合调度问题和生产-库存-配送联合调度问题进行了综述。

随着学术界对这一问题研究的逐步深入，一些学者将生产和/或配送决策具有某些共同特征的生产-配送作业联合调度问题独立出来，并进行了综述。如 Adulyasak 等[80]将生产-配送作业联合调度问题中包含生产批量决策和车辆路径决策的一类问题总结为生产-路径问题（production routing problem，PRP），并从问题下界计算、精确算法和启发式算法角度对这一问题的求解算法进行综述。Moons 等[81]将生产-配送作业联合调度问题中包含生产调度和车辆路径决策的一类问题总结为生产调度车辆路径问题（production scheduling-vehicle routing problem，PS-VRP），对相应的模型和算法进行综述。

本书考虑的日常生产-配送作业联合调度问题包括了两个决策——生产-装配作业调度和车辆路径，属于生产-配送作业联合调度问题中的 PRP。这一问题最早是由 Chandra 等[82-83]在 20 世纪 90 年代初提出的，此后的许多研究对 PRP 进行了延伸和拓展。首先，在模型优化目标上，现有的研究主要从最小化生产配送作业的总成本[84-88]、最大化订单送达的数量[89-90]、最小化生产配送的总时间[91-92]以及最小化配送车辆数量和成本[93]这几个方面进行优化。其次，针对具有不同生产特征的生产配送作业联合调度问题，学者建立了不同的 PRP 模型。Boudia 等[84-85]和 Adulyasak 等[86]研究了单一种类产品的生产数量和配送路径联合决策的 PRP 问题。Armstrong 等[89]、Viergutz 等[90]和 Geismar 等[91]在此基础上，建立了考虑客户订单异质性的 PRP 模型，这里订单的异质性体现在不同客户对产品的订货数量不同。类似的，Low 等[87]建立异质订单的 PRP 模型，在模型中通过生产时间的不同来区分订单的异质性。此外，Gao 等[92]建立了在生产调度阶段考虑订单分组和排序的 PRP 模型，这里的生产过程也是考虑单一产品生产。Amorim 等[88]研究了包含多种产品的生产计划 PRP 模型，并且比较了用订单分组和生产分批这两种策略调度生产过程对 PRP 问题解的影响。而除了上述对生产过程考虑产品/客户异质性的模型以外，还有很多学者从生产机器作业流程来对 PRP 模型进行延伸，如 Chen

等[94]在 PRP 的生产阶段考虑了平行机调度问题。然而上述研究在生产过程中只考虑一种操作（生产或者组装），Fahimnia 等[95]在研究中生产阶段考虑了生产和组装两种作业，然而这一问题中假设订单中产品的组合是固定的，限定加工配送中心只生产 3 种产品且只有 5 种固定的产品组合，据此建立包含装配作业的生产-配送作业联合调度模型。在生产调度的研究中，此类生产过程包含生产和组装两种操作的问题，被称为生产-包装问题（make-and-pack problems），最早由 Honkomp 等[96]提出，一般常见于连续型产品的生产调度问题中，如化工产品[97-98]、钢铁[99]、药品[100]和饮料[101]等，在离散型产品的生产调度中鲜有研究。

关于此类问题的求解算法，也有大量的文献研究。现有的精确算法包括基于拉格朗日松弛的算法[95]、分支剪枝算法[102]、分支定价算法[103]和分支定界算法等[89-90,104]。但是，由于 PRP 问题中包含经典非确定性多项式难（non-deterministic polynomial-hard，NP-hard）问题——车辆路径问题，上述精确算法只能用于求解小规模的 PRP，因此许多学者针对 PRP 开发了启发式和元启发式算法，如遗传算法[78-80]、模拟算法[85]、禁忌搜索算法[93]等。另外，很多研究利用局部搜索策略求解 PRP 问题：Boudia 等[84]提出了一种具有随机适应性的贪婪局部搜索算法，通过反应机制和路径重连的方法提高解的表现；Adulyasak 等[86]提出了一种大规模邻居搜索启发式算法和网络流优化的混合算法；Belo-Filho 等[105]提出了一种适应性大规模邻居搜索算法，其中邻居解的选择概率是根据其表现动态调整的。此外，为了提高算法的效率，许多学者致力于提高 PRP 问题中的车辆路径问题的求解效率[105-106]或者通过迭代方法来改进生产-配送作业联合调度决策[90,107]。

综上所述，在现有的生产-配送作业联合调度模型中，生产阶段大多被简化为一个操作，生产的产品也仅考虑少量种类产品的固定组合（例如，3 种产品，5 种固定组合），因此无法描述允许客户对产品自由组合下单的按单生产模式下的生产-配送作业联合调度问题；而在生产调度领域，生产-装配作业的联合调度大多用于描述连续型产品的生产过程，对于生鲜蔬果这一类离散型产品的生产过程需要建立新的模型；在求解方面，现有的算法都是根据具体问题开发的启发式算法，无法直接用于求解本书这一类新的生产过程包含装配作业的生产-配送作业联合调度问题。

1.2.4 车队优化配置的研究进展

在车队优化配置决策中，需要考虑是否用新型号车辆替代旧型号车辆，同时也要对车队中不同类型车辆的数量进行配置以保障日常配送，因此从车队更新（fleet renewal/replacement）和车队配置（fleet composition）两方面对车队优化配置问题的相关研究进行综述。

1. 车队更新问题的相关研究

对物流配送相关企业来说，车队更新是一类重要的战略决策，配送车辆的老化以及技术的发展使得企业需要决策是否卖出旧车增添新车、新增车辆的车型和数量、新增车辆的获取方式（购置、租赁等），以及卖出和增加车辆的时间点[108]。针对这一问题，国内外学者展开了大量的研究[109]。以下就车队更新问题相关的国内外研究进行综述和分析。需要特别指出，这一类问题在制造业、航空业以及航运业领域也有大量的研究，被称为设备更替（equipment replacement）问题[110]，对于上述领域的研究，本书不再展开综述。

根据决策过程特点，车队更新问题可以分为序列更替（serial replacement）问题和并行更替（parallel replacement）问题，前一种问题要求同型号和车龄的车辆必须同时被替换升级，而在后一种问题中则无此约束[111]，因此并行更替的模型更加复杂、求解更加困难。早期许多考虑技术发展的不确定性车队更新问题大多假设更新决策属于序列更替决策[112]，而针对并行更替问题，许多学者开发了确定性的整数规划模型，并在模型中考虑了如预算约束[113]和可用性变量[114]等不同决策因素。此外，还有许多学者从连续或离散决策时间、有限或无限决策周期、确定性或可变的车辆使用寿命、连续或离散技术发展等方面对车队更新问题进行了变形和扩展[115-116]。

近几年，绿色低碳物流的发展需求和新能源车辆的普及使车队更新问题带来了新特征，也赋予了这类研究新的活力，具体成果有：Kleindorfer 等[117]基于法国企业 La Poste 的实际案例，考虑了未来汽油和汽车电池价格的不确定，提出了用电动车辆替换传统能源车辆的车队更新问题；此后，Neboian 等[118]在这一问题的基础上考虑了电动车辆批量折扣研究价格不确定下的包含违反租赁合同决策的车队更新决策；Ansaripoor 等[119]则在进行车队更新决策过程中考虑基于实物期权的柔性租赁方案，同时考虑二氧化碳价格、汽油价格、行驶公里数和能源消耗量等不确定，以最小化成本和风险，建立多阶段的随机规划模型；Drake 等[120]将碳税和碳交易成本纳入车队更新决策中。

2. 车队配置问题的相关研究

车队配置问题最早由 Kirby[121]提出，通常以最小化整体成本为目标，考虑未来作业需求，对车队中车辆的种类和数量进行决策。文中 Kirby 只考虑了单一车型车辆，同时将后续作业需求简化为对于车辆数量的需求。然而在实际中，车队车辆通常具有多个车型，且车队车辆组成与后续的作业调度息息相关。因此，为了提高决策的科学性和有效性，Golden 等[122]将车辆路径问题考虑进车队配置决策，但这也大大地增加了这一问题的复杂性。随后很多学者就此问题展开了大量的研究，详细的文献综述参考 Salhi 等[123]以及 Hoff 等[124]的文章。另外，在航空、航运和铁路运输等行业中，对此类机（船、车）队配置问题的研究也成果颇多。以下仅就与本书研究问题相关的多车型车队配置和绿色低碳车队配置这两个方面的研究进行综述。

多车型车队配置问题的研究成果可以归纳为两类。第一类是一般性的多车型车队配置问题的求解算法，代表性的成果有：分支定界定价法[125-126]、列生成法[127]、解集分割法[128]等精确算法，基于连续逼近模型的上界和下界估计算法[129-130]，以及基于禁忌搜索[131]、遗传算法[132]、模拟退火[133]等方法的启发式算法。特别是近年来，针对新涌现的不确定条件下的多车型车队配置问题，许多学者提出融合动态规划和黄金选择的启发式算法[134-135]、基于仿真的求解算法等[136]。第二类是多车型车队配置问题的变体问题研究，代表性成果有：带有时间窗的多车型车队配置问题[137]、多配送点多车型车队配置问题[138]、多时间段多车型的车队配置问题[139]等。此外，也有一些学者考虑客户需求不确定[134,140-141]、天气和公共事件等环境因素[142]对于车队配置决策的影响，建立相应的随机规划模型和鲁棒优化模型。

随着绿色低碳发展理念的推广和新能源车辆的普及，近年来新能源车辆的配置问题成为物流管理领域一个新的热点。这一问题最先由 Koç 等[143]提出，将不同种类车辆的碳排放和能源消耗成本考虑到车队配置优化决策中，并指出通过优化配置车队中的多种车辆可以有效节能减排。此后，围绕绿色低碳主题，从不同方面对车队配置问题模型和算法进行了扩展和探讨，近几年的国内外代表性成果有：Koç 等[144]提出了考虑配送站选址的低碳车队配置问题，并提出了大规模自适应邻域搜索（adaptive large neighbourhood search，ALNS）元启发式算法进行求解，对配送站选址、车队配置和配送路径决策建立优化模型探讨其对碳排放的影响；Hiermann 等[137]研究电动车辆和内燃机车辆混合的绿色低碳车队配置问题，在决策中考虑充电站位置，并改进了 ALNS 算法；Palencia 等[145]研究了考虑多种能源车辆市场份额变化情况下的绿色低碳车队配置问题；Franceschetti 等[146]考虑城市物流中传统能源车辆和新能源车辆通行能力的不同，建立了车队配置的动态规划模型，并根据问题结构提出精确求解策略；Rogge 等[147]提出了考虑充电设施成本的车队配置问题，并提出分组遗传算法（grouping genetic algorithm）。

1.2.5 相关研究小结

从总体上看，国内外学者在二阶段随机规划方法、生产-配送资源优化和生产-配送作业联合调度以及车队优化配置方面开展了众多前沿性研究，取得了丰富的研究成果，为后续同类型研究提供了依据和研究基础。但在车辆限行的新形势下，生产配送过程中资源的可用性和需求量变得不确定，需要对资源优化和作业调度这两个紧密联系相互影响的问题进行整体决策，这使得现有的研究成果无法满足车辆限行下生产-配送联合决策的要求，主要问题在于以下几个方面。

（1）在生产-配送资源优化问题及二阶段随机规划方法方面，现有的生产配送系统的二阶段随机规划方法研究主要集中在供应链设计中的设备选址这一类问题中，决策问题不同且问题中假设情景的实现服从某一简单的概率分布，难以用于解决车辆限行条件下生产设备和配送车辆资源优化这类第一阶段是生产设备和配送车辆的资源联合优化问题、第二阶段是生产和配送作业计划联合调度问题的新的随机规划问题。具体来说，在建模方面，当前已有的相关研究主要考虑需求和供给波动的这一类随机参数变化较小的不确定性，或者设备或车辆损坏及道路封闭的这一类短期内不可恢复不确定性，且这些不确定性都可以用概率分布进行描述。而本书除了考虑客户需求和要求送达时间不确定之外，还考虑城市拥堵造成的配送时间小幅波动和车辆限行导致的车辆配送能力的不确定这两类新的不确定性来源，其随机参数波动剧烈且难以用统一的概率分布描述，因此原有的假设随机参数遵从某一种概率分布或利用实际数据拟合经验分布方法难以用于生成这一问题的配送情景和随机参数。而在求解方面，现有的算法大部分是根据求解问题特征来开发的，难以直接用于求解限行条件下生产-配送资源联合优化这一类新的随机规划问题。同时，本书研究的问题具有第二阶段问题（生产-配送作业联合调度问题）的解空间较大、情景数量多、随机参数波动剧烈的特点，求解复杂，用传统的精确算法难以直接求解，需要根据问题特征，开发相应的启发式算法。

（2）在生产-配送作业联合调度方面，当前关于生产-配送作业联合调度的文献大多只将生产决策问题简化为一个操作（生产或者组装）的计划或调度问题。但是随着客户个性化需求的增加，为满足客户需求，越来越多的企业转向按单生产商业模式，允许客户根据自己的需求下单，需要在进行日常作业调度时将生产过程考虑得更细致。因此，在本书研究的生产-配送作业联合调度中，考虑生产过程包含两个操作——原材料的分包和订单组装。而在求解方面，现有的精确算法求解效率难以满足实际需求，而启发式算法都是针对具体的生产-配送作业联合调度开发的，无法直接应用到包含装配作业的生产-配送作业联合调度问题上，因此需要针对本书提出的生产-配送作业联合调度问题开发合适的启发式算法。

（3）在车队优化配置方面，绿色低碳背景下的车队更新和车辆配置问题是国际上研究的热点，已有的一些研究成果可以为后续研究的模型与算法提供借鉴。然而，当前这一领域的研究还处在初期阶段，且现有的成果与中国的管理实践需求差距较大，结合中国城市物流配送的特征以后，问题就会变得更加复杂，有以下一些问题需要处理：①更复杂的决策过程，受城市绿色货运政策引导影响，我国城市物流车队优化配置的目标之一是要提高车队中新能源车辆比例，在预算的制约下本书研究的是一个多个阶段的决策问题；②更复杂的不确定性因素，传统能源车辆和新能源车辆在我国城市中不同时间段和路段的通行能力不同，特别是由于雾霾等恶劣天气的频繁发生，我国城市会不定期执行交通限行措施，因此本书研究的是一个复杂不确定条件下的决策问题。总之，当中国城市物流配送特征和绿色货运发展的实际需求被纳入车辆优化配置决策过程中时，相应的决策问题比现有的车队更新和配置问题更为复杂和棘手，需要结合新特点展开更为深入的研究工作。

1.3 本书主要内容与结构

1.3.1 主要内容

结合 1.2 节对相关领域研究现状的综述分析，针对现有研究的缺点和不足，本书提出生产-配送联合决策的二阶段优化方法，将上述问题分解为生产-配送资源优化和作业调度两个阶段，通过建立相应的数学规划模型并设计开发有效的求解算法，以提高车辆限行条件下生产配送运营水平，降低总成本，保障生产配送作业按时完成，对车辆限行条件下按单生产供应链的生产-配送联合决策问题进行有益探索。为实现上述研究目标，本书的具体研究内容如下。

（1）车辆限行条件下生产-配送联合决策问题界定与决策分析。

首先，对车辆限行条件下生产-配送联合决策问题进行描述，界定研究对象的范围与边界；其次，对本书考虑的生产配送系统中的不确定性因素及其对生产-配送联合决策的影响进行分析；最后，对车辆限行条件下的生产-配送联合决策过程及上述不确定性因素对决策的影响进行分析，引出后续的主要研究工作。

（2）车辆限行条件下生产-配送资源优化的二阶段随机规划方法。

首先，对车辆限行条件下生产-配送资源优化问题进行界定，根据系统中不确定性因素特点提出相应的情景和随机参数生成方法；其次，以最小采购和运营成本为目标，在保障企业日常生产配送作业按时完成的前提下，构建生产-配送资源优化的二阶段随机规划模型；最后，针对本书车辆限行条件下生产-配送资源优化的二阶段随机规划问题情景空间大、解空间大和随机变量波动剧烈的特点，提出改进的随机分支定界算法。

（3）车辆限行条件下包含装配作业的生产-配送作业联合调度方法。

首先，结合车辆限行条件下按单生产的加工配送中心作业实际，对按单生产模式下包含装配作业的生产-配送作业联合调度问题进行界定；其次，在生产阶段考虑允许产品自由组合的客户订单的生产组装作业，建立包含装配作业过程的生产-配送作业联合调度模型；最后，针对生产-配送作业联合调度模型包含多个作业过程决策且解空间复杂的特点，借鉴“拉式生产”的思想提出基于序贯决策的迭代启发式算法，即以“配送—组装—生产”的顺序对原问题进行求解，并通过迭代提高解的质量。

（4）基于某生鲜蔬果“农-宅”在线零售企业的应用研究。

结合北京市某生鲜蔬果“农-宅”在线零售企业加工配送中心的运营实际和北京市实际的交通数据，通过实例验证本书模型和算法在实际案例中的有效性。同时，探讨不同车辆限行条件下的生产-配送联合决策策略，为企业提供管理决策建议。

1.3.2 本书结构

根据 1.3.1 节拟定的研究内容，本书以“问题界定—问题分析—问题建模和求解—应用研究”这一主线展开论述，研究思路如图 1.2 所示。

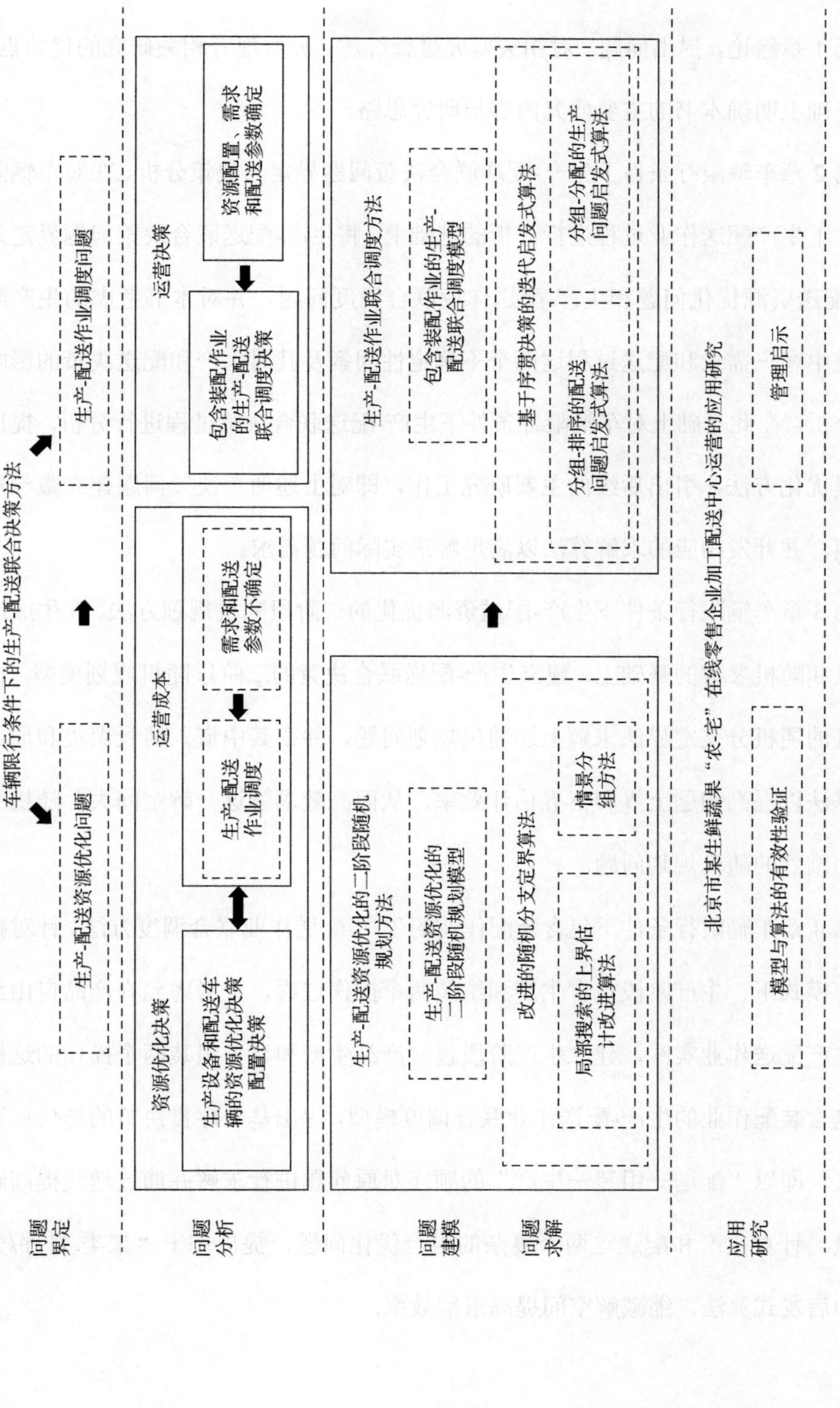
问题界定
问题分析
问题建模
问题求解
应用研究
车辆限行条件下的生产-配送联合决策方法
生产-配送资源优化问题
生产-配送作业调度问题
资源优化决策
生产设备和配送车辆的资源优化决策配置决策
运营成本
生产-配送作业调度
需求和配送参数不确定
运营决策
包含装配作业的生产-配送联合调度决策
资源配置、需求和配送参数确定
生产-配送资源优化的二阶段随机规划方法
生产-配送资源优化的二阶段随机规划模型
生产-配送作业联合调度方法
包含装配作业的生产-配送联合调度模型
改进的随机分支定界算法
局部搜索的上界估计改进算法
情景分组方法
基于序贯决策的迭代启发式算法
分组-排序的配送问题启发式算法
分组-分配的生产问题启发式算法
北京市某生鲜蔬果"农-宅"在线零售企业加工配送中心运营的应用研究
模型与算法的有效性验证
管理启示

图 1.2 本书主体思路

根据图 1.2 所示的研究思路，本书的具体结构内容如下。

第 1 章绪论，提出问题。对相关研究进行综述，分析现有相关研究的优缺点，在此基础上明确本书的主要研究内容与研究思路。

第 2 章车辆限行条件下生产-配送联合决策问题界定与决策分析。在对车辆限行条件下生产配送作业过程进行分析的基础上，将生产-配送联合决策问题界定为生产-配送资源优化问题和生产-配送作业联合调度问题，并对本书考虑的生产配送系统中客户需求和配送过程这两个不确定性因素及其对生产和配送决策的影响进行分析。在此基础上对车辆限行条件下生产-配送联合决策过程进行分析，提出二阶段优化方法，引出后续的主要研究工作，即对上述两个决策问题建立数学规划模型，并开发相应的求解算法以满足解决实际问题需求。

第 3 章车辆限行条件下生产-配送资源优化的二阶段随机规划方法。在生成配送情景和随机参数的基础上，建立生产-配送联合决策的二阶段随机规划模型，提出改进的随机分支定界法求解上述随机规划问题，并在其中嵌入情景聚类和局部搜索算法以提高问题上界和下界估计效率，从而高效求解这一解空间大、随机变量波动剧烈的随机规划问题。

第 4 章车辆限行条件下包含装配作业的生产-配送作业联合调度方法。针对按单生产模式下，生产阶段包含生产和组装两个操作过程，且考虑允许产品自由组合的生产配送作业实践，建立生产阶段包含产品生产和订单组装两个操作的这样一类包含装配作业的生产-配送作业联合调度模型，提出基于序贯决策的迭代启发式算法，即以“配送—组装—生产”的顺序对原问题进行求解并通过迭代提高解的质量。针对生产和配送这两个复杂的组合优化问题，提出基于“聚类-排序/分配”的启发式算法，缩减解空间提高求解效率。

第 5 章基于某生鲜蔬果“农-宅”在线零售企业的应用研究。结合北京市某生鲜蔬果“农-宅”在线零售企业加工配送中心的作业实践，基于实际的物流配送数据，验证本书所提出的决策方法的科学性和有效性。最后探讨不同车辆限行条件下生产-配送联合决策策略为企业提供管理决策建议。

第 6 章结论。总结全书研究工作，并提出了未来值得研究的方向。

2

车辆限行条件下生产-配送联合决策问题界定与决策分析

本章首先对车辆限行条件下生产-配送联合决策问题进行界定，其次对影响本书考虑的生产配送过程的不确定性因素及其对生产配送决策的影响进行分析，最后提出二阶段优化决策方法框架。

2.1 车辆限行条件下生产-配送联合决策问题界定

根据第 1 章的描述，本书的研究背景是车辆限行条件下按单生产供应链中负责订单组装和物流配送的加工配送中心的生产和配送过程，生产是指根据客户需求将产品进行拣选和装配形成订单包裹的过程，配送是指按照客户指定的配送时间送达指定配送地点的过程。结合这一背景，以下对本书车辆限行条件下的生产-配送联合决策问题进行界定。

本书主要考虑重污染天气导致执行的车辆限行管理措施。而除了雾霾等重污染天气以外，道路拥挤和重大活动是当前我国城市实施车辆限行措施的另外两个主要原因。但是，这两个原因下的车辆限行实施方案（执行规则、时间和区域）和施行时间是固定的或提前可知的，如北京市内现阶段实行按尾号执行的限行措施和亚太经济合作组织（Asia-Pacific Economic Cooperation，APEC）峰会期间实行按单双号执行的限行措施，在此条件下加工配送中心每天的可用配送车辆数量是确定的，这一类限行条件下的资源优化决策中不需要考虑可用车辆数量不确定。然而，雾霾等重污染天气的发生时间、强度和频率具有随机性，相应的车辆限行措施的执行规则、时间和范围也不确定。因此，本书提出的重污染天气导致的车辆限行条件下生产-配送联合决策问题是一类更复杂的决策问题，研究这一问题对于解决其他原因导致的限行措施下生产-配送联合决策问题具有借鉴意义。结合实际情况，本书决策中考虑的是基于单双号限行规则（在实际中还有按工作日尾号限行规则）的按时间段执行的车辆限行管理措施（如北京市根据空气污染的严重程度分为早晚高峰、白天或者全天执行限行管理措施）和按城市区域执行的车辆限行管理措施（如成都市根据空气污染的严重程度分为二环路与三环路之间区域内或绕城高速区域内道路执行限行管理措施）。具体而言，上述几种限行管理措施的描述如下：

（1）早晚高峰时段（7:00～9:00 和 17:00～20:00）所有路段限制单双号传统能源车辆上路行驶；

（2）白天时段（7:00～20:00）所有路段限制单双号传统能源车辆上路行驶；

（3）全天所有时段在所有路段限制单双号传统能源车辆上路行驶；

（4）白天时段城市中心路段限制单双号传统能源车辆上路行驶；

（5）白天时段市区路段限制单双号传统能源车辆上路行驶；

（6）白天时段市区和郊区路段限制单双号传统能源车辆上路行驶。

在此基础之上，本书中车辆限行条件下的生产-配送联合决策问题描述如下：某加工配送中心以按单生产、订单直送的模式服务于某城市的客户，即每天按照客户的订单安排生产并于当日客户规定的配送截止时间前完成配送任务。本书中客户是稳定的长期客户，每天都会向加工配送中心下单，然而客户每天对产品的需求量和订单要求送达时间是波动的。此外受到交通拥堵和车辆限行的影响，实际运营中每天可用的车辆数量也是不确定的。现阶段，加工配送中心现有一定数量的旧型号设备和传统能源车辆。由于业务扩张和应对上述不确定性，需要采购一批生产设备和配送车辆，需要决策购买新型号设备（价格和工作效率较高）、旧型号设备（价格和工作效率较低）、传统能源车辆（价格较低，受车辆限行措施限制）和新能源车辆（价格较高，不受车辆限行措施限制）的采购数量。而在具体日常运营过程中，考虑每一天客户对产品的需求量和要求送达时间都不同，且可用车辆数量受到当日车辆限行情况的影响，因此需要根据当日订单和车辆限行情况，以最小化日常作业成本和中间库存成本为目标生成当日的生产配送作业计划。

综上所述，本书车辆限行条件下生产-配送联合决策问题包含了两个决策问题：生产-配送资源优化问题和生产-配送作业调度问题。其中，本书的生产-配送资源优化问题只考虑单个周期决策，即考虑未来不确定性因素只在当前做一次决策。因此，折旧磨损、设备持有时间以及设备出售和报废等典型多周期问题中的决策，不在本书研究范围之内。而本书的生产-配送作业调度问题中客户需求和配送参数是确定的，且不考虑加工配送中心内部物流时间和成本。但是，本书的决策目标函数考虑作业成本和产品的库存成本，即在制订日常作业计划时，对生产配送作业过程进行整体考虑，不仅最小化它们各自的作业成本，也要使得它们相互衔接配合，减小中间库存成本。

2.2 车辆限行条件下生产配送系统中的不确定性因素分析

根据实际调研，在本书研究的这一类按单生产的加工配送中心的日常运营中，影响到生产-配送联合决策的不确定性因素主要分为两类：一是客户需求的不确定性因素；二是配送过程的不确定性因素。假设上述不确定性因素是相互独立的，下面将对这两类不确定性因素及其对生产-配送联合决策的影响进行分析。

2.2.1 客户需求的不确定性因素分析

客户需求的波动是生产配送系统中常见的不确定性因素。现有的研究中，常见的客户需求的不确定性因素包括客户规模不确定、客户对产品需求量的波动、客户要求送达时间的波动等。问题界定中假设客户规模是固定的且客户都是稳定的长期客户，因此本书不考虑客户数量的变化这一类不确定性因素，这在本书考虑的生鲜蔬果在线零售、社区便利店产品配送的供应链中十分常见。同时，通过调研发现此类供应链中客户需求不确定体现在客户对每种产品的每天的需求数量的波动和每天要求的订单送达时间的波动这两个方面。因此，本书生产配送系统中客户需求的不确定性因素包括客户对产品需求量不确定和客户要求订单送达时间不确定，它们在模型中具体体现为每天客户对产品的需求数量和要求订单送达时间。

在日常生产配送作业过程中，客户产品需求量和客户要求订单送达时间会影响到加工配送中心需要用到的生产设备数量和发出的配送车次，从而对生产设备和配送车辆资源优化这一长期决策造成影响。而在日常生产配送作业计划中，不同的客户需求量和客户要求订单送达时间，使得每天订单的生产和组装顺序以及配送路径决策都是不同的，因此需要根据每天的实际情况，对生产配送计划进行决策。

2.2.2 配送过程的不确定性因素分析

本书考虑的另一类不确定性来源是配送过程的不确定性。现有研究中，常见的配送过程不确定性因素包括：（完成一个配送任务的）配送时间的不确定、道路损坏不确定以及车辆损坏不确定等。但在本书关注的城市物流环境下，道路损坏和车辆损坏发生的概率极小，因此本书只考虑配送时间不确定。另外，在车辆限行这一新形势下，本书在决策过程中还考虑了执行车辆限行措施造成的车辆配送能力波动这一类新的不确定性因素。下面将对这两种配送过程的不确定性因素进行详细分析。

本书中考虑交通拥堵导致的配送时间的不确定。当前我国城市中车流的高峰、平峰性明显，使得同一配送任务在不同时间段内的完成时间不同，相应的配送成本也不同。此外，由于交通拥堵具有随机性，即使是在同一时间段，完成同一配送任务所需要的时间也是不同的。为了描述和分析这一不确定性因素，作者在百度地图上抓取了某生鲜蔬果在线零售企业的 42 条主要配送路线 253 天（2016 年 3 月 21 日～2016 年 11 月 28 日）的 6 个时间点（2:00、5:00、8:00、13:00、18:00、

21:00）完成配送任务的时间。图 2.1 表示一条配送路径在上述时间中的配送时间波动，从图中可以看出，一天内同一路段的车辆行驶时间波动有明显的波峰和波谷［图 2.1（a）］，同时车辆行驶时间在工作日和周末的波动规律也是不同的［图 2.1（b）和图 2.1（c）］。因此，本书根据上述 6 个时间点及工作日与周末把所有配送时间数据分为 12 组，进行均值和方差的显著性检验，检验结果支持上述数据分组间差异性显著。同时，对同一天的同一条路径的相邻时间点的配送时间进行相关性分析，结果显示了高度相关性。所以，本书将配送时间波动的随机参数定义为不同车型的配送车辆在 6 个时间段（根据上述 6 个时间点进行分割）内从加工配送中心到各个配送点的配送时间矩阵和配送成本矩阵。

本书考虑的另外一个配送过程的不确定性因素是车辆限行导致的车辆配送能力不确定，包括基于单双号限行的按时间段和按城市区域的车辆限行措施。由于重污染天气下的机动车限行管理措施的实施方案（执行规则、时间和区域）和施行时间是不确定的，需要根据空气污染的严重程度和影响范围制订和执行，这使得配送车队可用车辆数量在不同时间段和不同城市区域变得不确定，增加了决策难度。与交通拥堵造成的订单配送时间波动类似，车辆限行措施造成的车辆配送能力不确定可以表示为完成订单配送任务的时间和成本不确定。但是，当执行限行措施时，受限车辆在受限时段、路段中完成配送任务的时间和成本都为正无穷，这给二阶段随机规划问题的上界和下界估计带来极大困难。针对这一难题，本书以不同种类车辆在不同限行措施下不同时间段完成各订单配送任务的时间和成本作为二阶段随机规划问题中的另外一类随机参数。

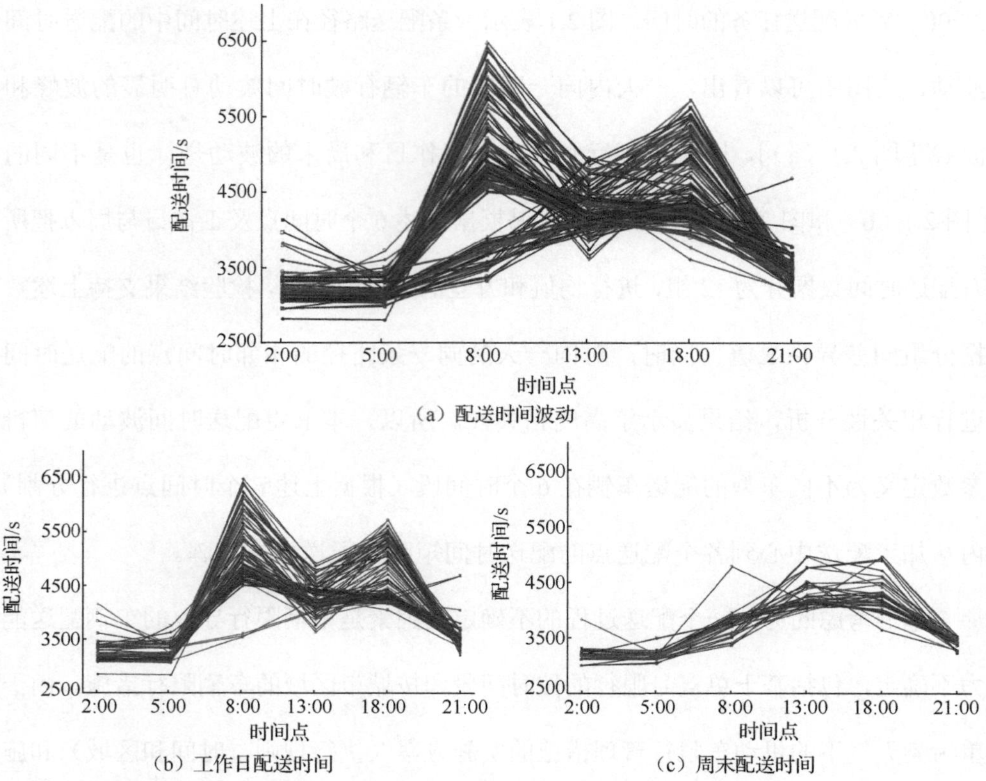

图 2.1　某条配送路线 253 天内的 6 个时间点上的配送时间波动

对生产配送系统来说，车辆限行造成的车辆配送能力变化是一类新的不确定性来源。为了应对这一不确定性，企业需要考虑采购更多的传统能源车辆或者采购不受车辆限行措施限制的新能源车辆。虽然相比于传统能源车辆，新能源车辆的单价较高，但是其日常的保养和运营成本较低，因此在进行采购决策的过程中，需要考虑采购成本和日常运营成本，合理平衡这两种车辆在车队中的数量和比例，同时也要考虑与生产设备的作业效率匹配，以保证生产配送作业协同。在日常生产配送计划生成过程中，也需要根据车辆限行措施执行的时间和路段来安排生产和配送计划，保证完成日常配送任务。因此，车辆限行措施的实施对于长期的生产配送资源优化和日常的作业调度决策影响巨大。

2.3 车辆限行条件下生产-配送联合决策过程分析

由上述分析可知，车辆限行作为生产-配送联合决策中需要考虑的一个新的约束条件，给问题的决策边界、决策过程都带来了新的挑战。就问题决策边界而言，在车辆限行条件下生产配送资源的可用性和需求量都变得不确定，进行生产-配送联合决策需要同时考虑资源优化和日常作业调度这两个相互影响的决策问题。就问题决策过程而言，在进行资源优化决策时，需要考虑车辆限行条件下的不确定性，以保证后续日常生产配送作业协同进行和按时完成，在进行作业调度决策时，既需要考虑按单生产作业客户订单的异质性建立包括更多生产作业细节的模型，又需要根据每日可用资源和客户需求快速地生产配送作业计划。这些新的决策要求使得车辆限行下的生产-配送联合决策是一个不确定条件下动态、非结构化的复杂决策问题，难以用现有的决策模型和方法描述和解决。为了描述并解决这一难题，本书提出了生产-配送联合决策二阶段优化方法的原理，在此基础之上分别对资源优化和作业调度的决策过程进行分析。

2.3.1 生产-配送联合决策原理分析

加工配送中心的运营成本主要由生产配送资源的固定成本和日常作业成本组成，而在客户需求和车辆限行的不确定条件下，生产配送资源优化决策和日常作业调度决策是相互影响的：客户需求波动和车辆限行使得每天资源的可用性和需求量都是不确定的，而日常生产配送作业决策和对应的成本受到可用资源的影响，在不同的客户需求和配送参数下，为了按时完成作业任务，所需要的生产配送作业资源也是不同的；为了保障生产配送协同进行的同时最小化设备和车辆的采购成本和日常运营成本，在进行设备和车辆采购的决策过程中需要考虑未来日常运营中上述不确定性。此外，由于生产配送过程前后联系紧密，为了减小中间库存、减少总作业时间，在进行资源优化和作业调度决策时，还需要考虑生产配送资源作业能力匹配和作业计划的协同性。因此，本书的生产-配送联合决策过程（图 2.2）是一个动态、非结构化的复杂决策过程，需要进行整体优化。

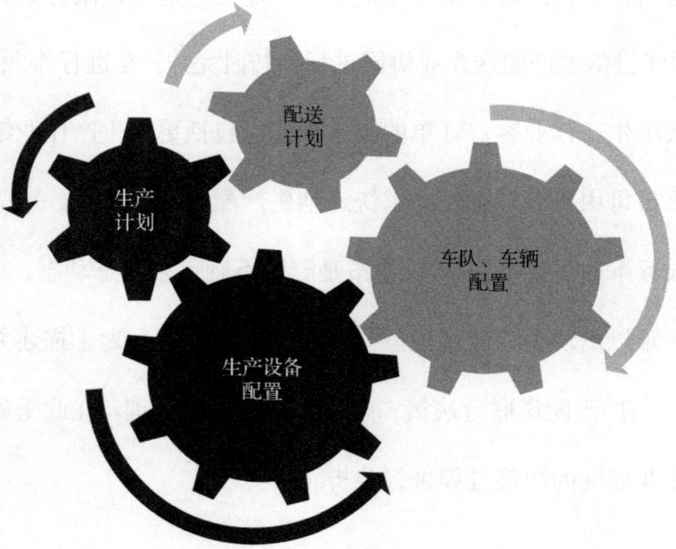

图 2.2 生产-配送资源优化决策关系图

为了简化本书的生产-配送联合决策，根据决策层次关系，基于序贯决策的思想，将其分解为生产-配送资源优化问题和生产-配送作业联合调度问题。与此同时，为了对上述两个问题的决策进行整体优化，本书基于随机规划理论，在进行资源优化决策时，将不同随机参数下的生产配送作业成本期望考虑到资源优化决策中，使得资源采购成本和后续作业成本的期望最小，实现在资源优化决策过程中考虑后续日常作业中的不确定性因素；此后，通过解传递，将确定的生产配送资源决策作为输入，根据每天实际的客户需求和车辆限行情况确定可用资源数量，快速生成日常生产配送作业调度计划。利用前文介绍的二阶段优化过程，可以将日常作业过程中的不确定性因素对于资源优化决策的影响通过生产配送作业成本期望纳入决策过程中，同时通过将优化后的资源配置结果代入第二阶段生产-配送作业计划决策中，实现整体决策优化。图 2.3 显示了具体决策过程。

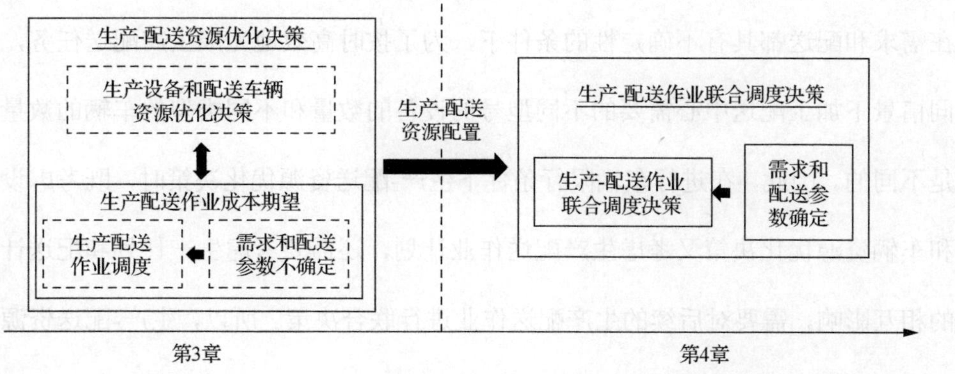

图 2.3 车辆限行条件下生产-配送联合决策过程及拟研究问题分析

通过将生产-配送联合决策问题分解为资源优化和作业调度这两个阶段，可以有效地将原有的复杂、非结构化的决策问题分解为两个结构化的决策问题，并通过解传递实现两个阶段决策的整体优化，并满足加工配送中心的实际需要。以下将对本书生产-配送联合决策过程中的两个核心问题决策过程进行进一步的分析。

2.3.2 生产-配送资源优化决策分析

生产-配送联合决策中，企业需要根据未来业务需求进行生产配送资源优化的长期决策。它的主要任务是根据未来客户规模和作业要求，考虑未来客户需求和配送参数的不确定性因素，结合现有设备和车辆配置情况，来决定购买的生产设备和配送车辆的型号和数量。生产设备和配送车辆的数量和生产能力会直接影响日常生产配送作业是否能够协同进行和按时完成，从而影响日常作业成本（包括生产配送的作业成本、中间产品和订单的库存成本和订单配送延迟的惩罚成本）。在需求和配送都具有不确定性的条件下，为了按时高效地完成生产配送任务，不同情景下加工配送中心需要的不同型号的设备的数量和不同类型的车辆的数量都是不同的。因此，在进行车辆限行条件下生产-配送资源优化决策时，既考虑设备和车辆资源优化决策又考虑生产配送作业计划，还需要考虑生产计划和配送计划的相互影响，需要对后续的生产配送作业进行联合决策。所以，生产-配送资源优化问题的主体决策框架是一个两阶段的随机规划问题，而在第二阶段，不同情景下的优化问题又是一个生产-配送作业联合调度问题。下面基于二阶段随机规划的方法框架，对本书的生产-配送资源优化问题的决策过程进行阐述。

二阶段随机规划问题的主要决策过程遵循“决策 $x \rightarrow$ 观察 $\xi \rightarrow$ 决策 $y(\xi)$”这一思路，即决策者需要在知道随机参数的具体实现之前，对长期资源优化问题进行决策，同时考虑在不同的随机参数情况下日常运营决策所对应的成本。图 2.4 显示了本书生产-配送资源优化决策问题对应的随机规划决策框架，即在做出此时此刻的设备和车辆采购决策时，需要考虑到未来的日常生产配送运营所面临的不

确定性，决策目标是使得当前采购决策的成本和未来日常生产配送作业（包括可能的补偿作业）的期望成本之和最小。具体地说，在生产-配送资源优化的二阶段随机规划问题中，第一阶段问题为生产设备和配送车辆的采购决策，第二阶段问题为不同情景下给定生产配送资源配置决策所对应的日常生产配送作业成本的期望值问题。由此，在进行采购决策的过程中，既需要考虑设备和车辆的采购成本，也需要考虑后续日常运营中的生产配送作业成本期望。

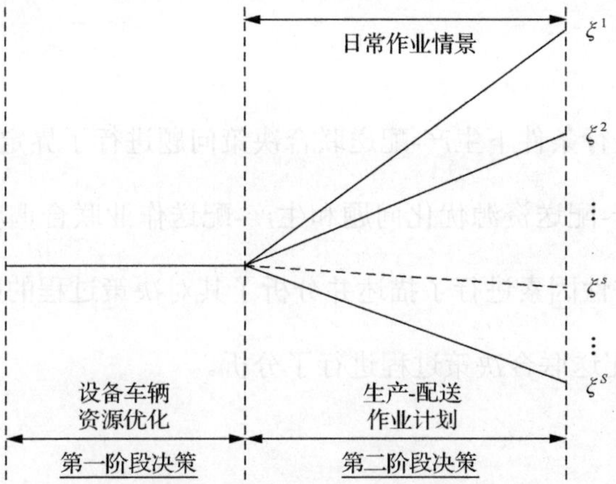

图 2.4 生产-配送资源优化决策框架

2.3.3 生产-配送作业联合调度决策分析

当生产设备和配送车辆资源配置确定了以后，企业需要根据每天的订单和配送交通情况对日常生产配送作业计划进行决策。这一问题在本书中是确定性的生产-配送作业联合调度问题，在按单生产这种高度客户定制化且生产到配送的间隔很短的商业模式中非常常见。

一般来说，此类加工配送中心成品的库存成本较高（或中间库存空间较小甚至无库存空间)，并且客户具有一定的配送时间要求，因此生产和配送必须协同调度，以保证及时完成作业任务，最小化整体的成本。本书通过建立联合优化模型，将库存成本考虑到目标函数中，同时对生产和配送作业计划进行决策，以平衡生产和配送的作业成本以及成品的库存成本，使日常运营的总成本最低。

2.4 本章小结

本章对车辆限行条件下生产-配送联合决策问题进行了界定，明确了本书的研究范围，包括生产-配送资源优化问题和生产-配送作业联合调度问题，对生产配送系统中的不确定性因素进行了描述并分析了其对决策过程的影响，最后对车辆限行条件下生产-配送联合决策过程进行了分析。

3

车辆限行条件下生产-配送资源优化的二阶段随机规划方法

根据第2章对本书问题的界定和决策分析，车辆限行条件下生产-配送联合决策分为两个阶段，在第一阶段进行资源优化决策时需要考虑日常生产配送过程中的不确定性。本章将重点研究生产-配送资源优化的二阶段随机规划方法。具体而言，首先对车辆限行条件下生产-配送资源优化问题进行描述并提出二阶段随机规划模型的构建思路；其次构建配送情景和生成相应的随机参数，建立生产-配送资源优化决策的二阶段随机规划模型；最后针对本书生产-配送资源优化这一情景规模和解空间都较大的随机规划问题，提出嵌入局部搜索和情景分组的改进的随机分支定界算法。

3.1 车辆限行条件下生产-配送资源优化的二阶段随机规划模型

3.1.1 问题描述与建模思路

某加工配送中心以按单生产、订单直送的模式服务于某城市中的居民，即每天根据客户所下的订单安排生产，并在客户要求的订单配送截止时间前完成订单配送。目前，加工配送中心有一定数量的旧型号设备和传统能源车辆。因业务扩展、客户规模的扩大，需要采购一批生产设备和配送车辆，以满足客户需求。但是，客户需求波动、交通拥堵以及车辆限行措施的执行，使得加工配送中心在实际运营过程中，为了按时且以最小工作成本完成生产配送任务，需要配备不同型号的设备和车辆。本书假设客户均为长期稳定客户，即每日下单到加工配送中心。为此，为了满足日常作业需求以及应对系统中的不确定性，企业对每种型号设备和每种车型车辆的采购数量进行决策，使得设备和车辆的日均采购成本和日常生产配送作业期望成本之和最小。

本书考虑两种型号（旧型号和新型号）的生产设备和两种车型（新能源和传统能源）配送车辆的采购决策。旧型号设备采购单价低，生产效率低；新型号设备采购单价高，生产效率也高。传统能源车辆采购单价低，但单位配送成本和保养费用高，且受到车辆限行措施限制；新能源车辆采购单价高，但单位配送成本和保养费用低，且不受车辆限行措施限制。本书只考虑单个周期决策，即只在当前做一次决策。所以，折旧损耗、设备持有时间、设备出售以及设备报废决策等多周期问题中的典型因素，本书研究中不考虑。

本书研究的问题中的加工配送中心的日常作业流程如下：加工配送中心每天15:00停止接收订单，在15:00～17:00根据当日订单状况和车辆限行情况制订次日的生产配送计划并准备生产原料，然后在此后的22小时内生产并完成订单配送。具体的，加工配送中心生产 E 种产品，可以由任意型号设备生产。加工配送中心每天的生产时间分为 T 个作业周期，周期内生产的产品将在该周期末尾统一释放配送。所以，在生产阶段加工配送中心需要决策每个周期内各型号机器生产每种产品的数量，属于多个平行机上的批量规划问题。在配送阶段，客户订单可以由任意车型车辆配送，但同一个客户的需求不可分割，需由同一车次配送（同一个地址的订单可以视为一个客户需求），且一个车次只配送一个地址的客户订单，不考虑车辆载重和容量限制，客户配送截止时间为单边硬时间窗。所以，加工配送中心的日常配送决策是一个多车型多车次的任务指派问题，即不考虑车辆路径问题。同时，生产和配送衔接阶段，本书不考虑加工配送中心内部物流时间和成本，但是需要考虑产品的库存成本。

传统的确定性生产-配送资源优化问题通常假设客户需求和配送参数是确定的，因此在进行设备和车辆的采购和决策时，需要考虑的日常生产配送任务量和车辆配送能力也是确定的。但在本书问题中，客户需求和配送参数是不确定的，采用确定性问题对应的最优解难以满足实际需求。因此本书基于随机规划理论，针对生产-配送资源优化问题建立二阶段随机规划模型，将后续日常生产配送中不确定性因素表达为第二阶段补偿问题中的不确定性参数，将不同情景下生产和配送作业成本考虑到设备和车辆资源优化决策中，最终形成车辆限行条件下生产-配送资源优化的二阶段随机整数规划模型。

基于问题描述，车辆限行条件下生产-配送资源优化的二阶段随机整数规划模型的构建思路如下。由于生产设备和配送车辆的型号和数量会影响加工配送中心的日常生产配送的作业计划和成本，同时日常运营的不确定性也会使得加工配送中心每天所需要的设备和车辆数量不同，对应的作业成本也会不同。因此，在进行生产和配送资源优化时，将上述不确定性因素描述为日常生产配送作业中的随机参数，利用不同情景下的日常作业成本期望来度量不同设备和车辆配置下的生产和配送成本，从而使资源优化决策既能满足各种情景下生产配送的作业需求，又能最小化企业长期的采购成本和日常作业成本。

3.1.2 模型假设及参数变量说明

生产-配送资源优化问题决策是一类二阶段随机整数规划问题，它的决策对象是各个型号的生产设备和配送车辆的采购数量。本书中生产-配送资源优化的随机规划问题的具体假设如下：生产设备可以生产任意一种产品；一个周期内，一个车辆只进行一次配送；同一个客户的需求由一个车次配送，即需求不可以分割；不考虑加工配送中心的内部物流时间和成本；不考虑车辆的容量和载重量；客户要求的订单配送截止时间为单边硬时间窗，即必须要在客户要求的订单配送截止时间之前完成配送任务；交通拥堵造成的配送时间波动、车辆限行措施的执行和客户需求波动相互独立。

在此基础之上，以下对模型中的关键要素进行分析和参数表示，此后给出决策变量的定义。

首先，随机规划模型的确定性参数说明如下。给定预算 Bd，加工配送中心拟采购 U 种生产设备和 V 种配送车辆，其型号 $u=1,2,\cdots,U$ 的生产设备和车型 $v=1,2,\cdots,V$ 的配送车辆对应的单位采购成本为 A_u 和 B_v，日均单位成本为 a_u 和 b_v，Φ_v 和 ϕ_v 为车型 v 车辆的采购补贴和对应的日均采购补贴。加工配送中心现有型号 u 的设备 M_u 台，车型 v 的车辆 N_v 辆。加工配送中心每天的作业时间由 T 个长度为l_t ($t=1,2,\cdots,T$)的时间段组成，生产E种产品并配送给I个客户。在作业周期t中，u型号生产设备生产产品$e=1,2,\cdots,E$的单位成本为r_{uet}，单位生产时间为q_{uet}，生产出的产品e单位库存成本为h_{et}。

其次，随机规划模型的随机参数说明如下。在情景$s=1,2,\cdots,S$下，客户i对产品e的需求量为d_{ie}^s，客户i要求的订单配送截止时间为w_i^s，车型v车辆在作业周期t时完成订单i配送任务的时间为t_{vit}^s，对应的配送成本为c_{vit}^s。综上，情景s下的随机参数向量（为了简明，以下写为随机参数）记为$\xi^s=(d_{ie}^s,w_i^s,t_{vit}^s,c_{vit}^s)$，$\Xi=\{\xi^1,\xi^2,\cdots,\xi^S\}$。

最后，随机规划模型的决策变量说明如下。第一阶段决策变量包括购买型号u设备的数量m_u和购买车型v车辆的数量n_v。第二阶段决策变量包括在情景s下，作业周期t内型号u设备生产产品e的数量x_{uet}^s，描述订单i配送车型v、配送车辆k和配送出发周期t的0-1决策y_{ivkt}^s，订单i的送达时间c_i^s，以及每个周期各种产品的库存量I_{et}^s。

在建立随机规划模型之前，还需要对配送过程中的随机参数生成方法进行描述。如前所述，车辆限行措施造成的车辆配送能力的不确定与交通拥堵造成的订单配送时间波动，在实践中都表现为配送时间和成本不确定。然而，这类不确定性因素难以用简单概率分布描述。因此，本书假设配送时间的日常波动和车辆限行措施的执行之间相互独立，采用 Monte Carlo 方法抽样生成多个无车辆限行措施下的配送参数，在此基础之上加入随机生成的车辆限行措施（即在执行车辆限行措施的时间段或路段中，被限制车辆的配送时间和成本为正无穷）生成不同配送情景下的随机参数。因交通拥堵引起的配送时间波动在工作日和周末呈现出不同的特征，本书将配送情景分为工作日和周末两大类。考虑 6 种车辆限行措施和不限行的情况，最终生成 14 类配送情景，每一类情景对应多个具有类似配送时间和成本波动特征的随机参数。

具体的参数和决策变量符号说明如下。

（1）确定性参数说明：

S——情景数量，$s=1,2,\cdots,S$。

T——作业周期数量，$t=1,2,\cdots,T$。

I——客户/订单数量，$i=1,2,\cdots,I$。

E——产品种类数量，$e=1,2,\cdots,E$。

U——设备型号数量，$u=1,2,\cdots,U$。

V——车辆型号数量，$v=1,2,\cdots,V$。

K——车辆总数量上限。

L——一个极大的常数。

l_t——作业周期 t 的时长。

a_u——型号 u 设备的日均采购成本。

b_v——车型 v 车辆的日均采购成本。

ϕ_v——车型 v 车辆的日均补贴。

A_u——型号 u 设备的采购成本。

B_v——车型 v 车辆的采购成本。

Φ_v——车型 v 车辆的采购补贴。

M_u——已有型号 u 设备的数量。

N_v——已有车型 v 车辆的数量。

r_{uet}——型号 u 设备在作业周期 t 内生产产品 e 的单位成本。

q_{uet}——型号 u 设备在作业周期 t 内生产产品 e 的单位时间。

h_{et}——产品 e 在作业周期 t 内的单位库存成本。

（2）随机参数：

d_{ie}^s——情景 s 下，客户 i 对产品 e 的需求量。

w_i^s——情景 s 下，订单 i 的客户要求配送截止时间。

t_{vit}^s——情景 s 下，车型 v 车辆在作业周期 t 时配送订单 i 的时间。

c_{vit}^s——情景 s 下，车型 v 车辆在作业周期 t 时配送订单 i 的成本。

（3）决策变量：

m_u——非负整数变量，购买型号 u 设备的数量。

n_v——非负整数变量，购买车型 v 车辆的数量。

x_{uet}^s——非负整数变量，情景 s 下，作业周期 t 内型号 u 设备生产产品 e 的数量。

y_{ivkt}^s——0-1 变量，情景 s 下，若订单 i 由车型 v 的第 k 辆车在作业周期 t 内出发配送，则 $y_{ivkt}^s=1$，否则 $y_{ivkt}^s=0$。

c_i^s——非负整数变量，情景 s 下，订单 i 的送达时间。

I_{et}^s——非负整数变量，情景 s 下，作业周期 t 末尾产品 e 的库存量。

3.1.3 二阶段随机规划模型

企业在面对客户需求、配送时间以及车辆配送能力不确定时，希望对生产设备和配送车辆资源进行合理优化，以满足未来不同情景下生产配送的需求，从而最小化企业的采购成本以及在不同车辆限行和客户需求条件下日常生产配送作业成本的期望成本。据此，本书建立二阶段随机规划模型如下，目标函数如式（3.1），其中$Q(m_u,n_v,\xi^s)$是第二阶段优化问题最优解对应的目标函数值，具体说明见式（3.6）。

$$\min_{m_u,n_v}\{(a_u,b_v-\phi_v)^{\mathrm{T}}(m_u,n_v)+\mathbb{E}_{\Xi}[Q(m_u,n_v,\xi^s)]\} \tag{3.1}$$

$$\text{s.t.}\quad \sum_u A_u m_u+\sum_v (B_v-\phi_v)n_v \leqslant \mathrm{Bd} \tag{3.2}$$

$$\sum_v n_v + N_v \leqslant K \tag{3.3}$$

$$m_u \geqslant 0,\quad u=1,2,\cdots,U \tag{3.4}$$

$$n_v \geqslant 0,\quad v=1,2,\cdots,V \tag{3.5}$$

式（3.2）表示生产设备和配送车辆的总采购成本不超过给定预算，这里将政府对车型v车辆的补贴因素考虑到成本计算中，当政府对车型v车辆无补贴政策时$\Phi_v=0$，$\phi_v=0$。式（3.3）表示企业车辆的总数量不超过预先给定的上限，即配送车辆的数量不超过预先给定的值K，这里K可以是受到停车场容量、人力等因素影响的企业可持有的车辆数量上限。式（3.4）和式（3.5）表示第一阶段采购决策变量的非负约束。

第二阶段优化问题是在给定生产设备和配送车辆采购数量 m_u 和 n_v 的基础之上，以最小化生产配送成本和库存成本为目标，对情景 s 日常生产配送计划进行决策，具体的数学模型如下：

$$Q(m_u, n_v, \xi^s) = \min \sum_{uet} r_{uet} x_{uet}^s + \sum_{ivkt} c_{vit}^s y_{ivkt}^s + \sum_{et} h_{et} I_{et}^s \tag{3.6}$$

s.t.

（1）日常配送约束：

$$\sum_e q_{uet} x_{uet}^s \leqslant l_t \left(\sum_u m_u + M_u \right), \quad u = 1,2,\cdots,U; t = 1,2,\cdots,T; s = 1,2,\cdots,S \tag{3.7}$$

式（3.7）表示日常生产约束，即在任一情景 s 下，每个周期 t 内，分配给每类设备的生产任务不超过设备总产能。

（2）日常配送约束：

$$\sum_{ik} t_{vit}^s y_{ivkt}^s \leqslant l_t \left(\sum_v n_v + N_v \right), \quad v = 1,2,\cdots,V; t = 1,2,\cdots,T; s = 1,2,\cdots,S \tag{3.8}$$

$$\sum_i t_{vit}^s y_{ivkt}^s \leqslant l_t, \quad v = 1,2,\cdots,V; k = 1,2,\cdots,K; t = 1,2,\cdots,T; s = 1,2,\cdots,S \tag{3.9}$$

$$\sum_{vkt} y_{ivkt}^s = 1, \quad i = 1,2,\cdots,I; s = 1,2,\cdots,S \tag{3.10}$$

$$c_i^s = \sum_{vkt} t l_t y_{ivkt}^s + \sum_{vkt} t_{vit}^s y_{ivkt}^s, \quad i = 1,2,\cdots,I; s = 1,2,\cdots,S \tag{3.11}$$

$$c_i^s \leqslant w_i^s, \quad i = 1,2,\cdots,I; s = 1,2,\cdots,S \tag{3.12}$$

式（3.8）～式（3.12）表示日常配送约束。式（3.8）表示任一情景 s 下，分配给每一车辆的配送任务的完成时间不超过该车型的总配送时长。式（3.9）表示任一情景 s 下，分配给每一车型的每一车辆的配送任务的完成时间不超过这一周期的总时长。式（3.10）表示任一情景 s 下，订单 i 由且只由一种车型的一个车辆在一个周期内配送。式（3.11）计算了情景 s 下，订单 i 的送达时间。式（3.12）表示任一情景 s 下，所有订单都将在客户要求的订单配送截止时间之前完成配送。

（3）中间库存约束：

$$I_{e1}^{s}=\sum_{u}x_{eu1}^{s}-\sum_{vik}d_{ie}^{s}y_{ivk1}^{s},\quad e=1,2,\cdots,E;s=1,2,\cdots,S \tag{3.13}$$

$$I_{et}^{s}=I_{et-1}^{s}+\sum_{u}x_{eut}^{s}-\sum_{vik}d_{ie}^{s}y_{ivkt}^{s},\quad e=1,2,\cdots,E;t=2,3,\cdots,T;s=1,2,\cdots,S \tag{3.14}$$

式（3.13）和式（3.14）为中间库存约束，式（3.13）计算了情景 s 下，第一周期结束时各类产品的库存量，式（3.14）计算了情景 s 下，第二周期及其后每个周期结束时各类产品的库存量。

（4）变量边界：

$$x_{eut}^{s}\geqslant 0,\quad e=1,2,\cdots,E;u=1,2,\cdots,U;t=1,2,\cdots,T;s=1,2,\cdots,S \tag{3.15}$$

$$y_{ivkt}^{s}=\{0,1\},\quad i=1,2,\cdots,I;v=1,2,\cdots,V;k=1,2,\cdots,K;t=1,2,\cdots,T;s=1,2,\cdots,S \tag{3.16}$$

$$c_{i}^{s}\geqslant 0,\quad i=1,2,\cdots,I;s=1,2,\cdots,S \tag{3.17}$$

$$I_{et}^{s}\geqslant 0,\quad e=1,2,\cdots,E;t=1,2,\cdots,T;s=1,2,\cdots,S \tag{3.18}$$

最后，式（3.15）～式（3.18）给出了第二阶段各个决策变量的边界。

3.2 模型特征分析与求解思路

车辆限行条件下生产-配送资源优化决策是一类二阶段随机整数规划问题，且具有随机参数波动剧烈的特点。当问题规模和情景规模较小时，可以将上述二阶段随机规划模型转化为等价的确定性整数规划模型，并通过现有的商业数学规划优化软件（如 Gurobi）进行求解。但是随着问题规模或情景规模的增大，商业软件的求解效果和效率就会变差，甚至难以读到普通个人电脑内存中。针对这一难题，本书设计了一种改进的随机分支定界的方法[32]，用于求解随机规划难题。

具体而言，本书研究的车辆限行条件下生产-配送资源优化的二阶段随机规划问题具有以下三个特点：①当客户规模和产品种类增加时，问题的解空间急剧增大；②问题包含的随机参数种类多，情景规模大；③随机参数波动剧烈，很难求得较好的区间上界。为了求解该二阶段随机规划问题，针对问题的解空间大的特点，本书利用随机分支定界算法，通过逐步分割解空间，以减小问题规模，提高求解效率；针对问题情景规模大的特点，引入情景分组的方法，将原问题分割为多个情景组下的子问题来估计二阶段随机规划问题上界和下界，以达到缩小情景规模、提高求解效率的目的；针对随机参数波动剧烈的特点造成的上界估计难点，根据随机分支定界算法的特点，利用区间下界估计过程中求得的第一阶段解来构造对应区间上界第一阶段问题的初始解，并利用局部搜索算法来提高上界估计效果。

接下来，本章将分别介绍改进随机分支定界算法的算法框架和算法步骤，包括基本的算法框架、基于局部搜索的上界估计的改进算法和基于情景分组的上界和下界估计的改进算法。

3.3 改进的随机分支定界算法

3.3.1 算法框架

本书在随机分支定界算法的基本原理基础之上提出了一种改进的随机分支定界算法。图 3.1 描述了本书提出的改进的随机分支定界算法的基本框架。在对原随机规划问题第一阶段问题可行解集和问题上界和下界进行初始化之后，通过迭代解集分割、问题上界和下界估计以及分割子集删除这三个操作，对二阶段随机规划问题进行求解。该算法中用到的符号说明如下：k 表示循环次数，P_k 表示循环 k 中的第一阶段问题可行解集的分割子集集合，U_k 和 L_k 分别表示循环 k 中所得到的原问题上界和下界，$\mu_k(Z)$ 和 $\eta_k(Z)$ 分别表示原问题在分割子集 $Z \in P_k$ 上的上界和下界（以下简称 Z 的上界和下界），A_k 表示 P_k 中对应原问题上界 $\mu_k(Z)$ 最小的分割子集 Z，X_k 为 P_k 中最小上界对应的第一阶段问题的解，$\varPsi$ 为集合分割映射。

以下结合本书的生产-配送资源优化的二阶段随机规划问题对随机分支定界算法中三个关键操作方法（规则）——集合分割映射、分割子集下界和上界的计算方法以及分割子集的删除规则进行说明。

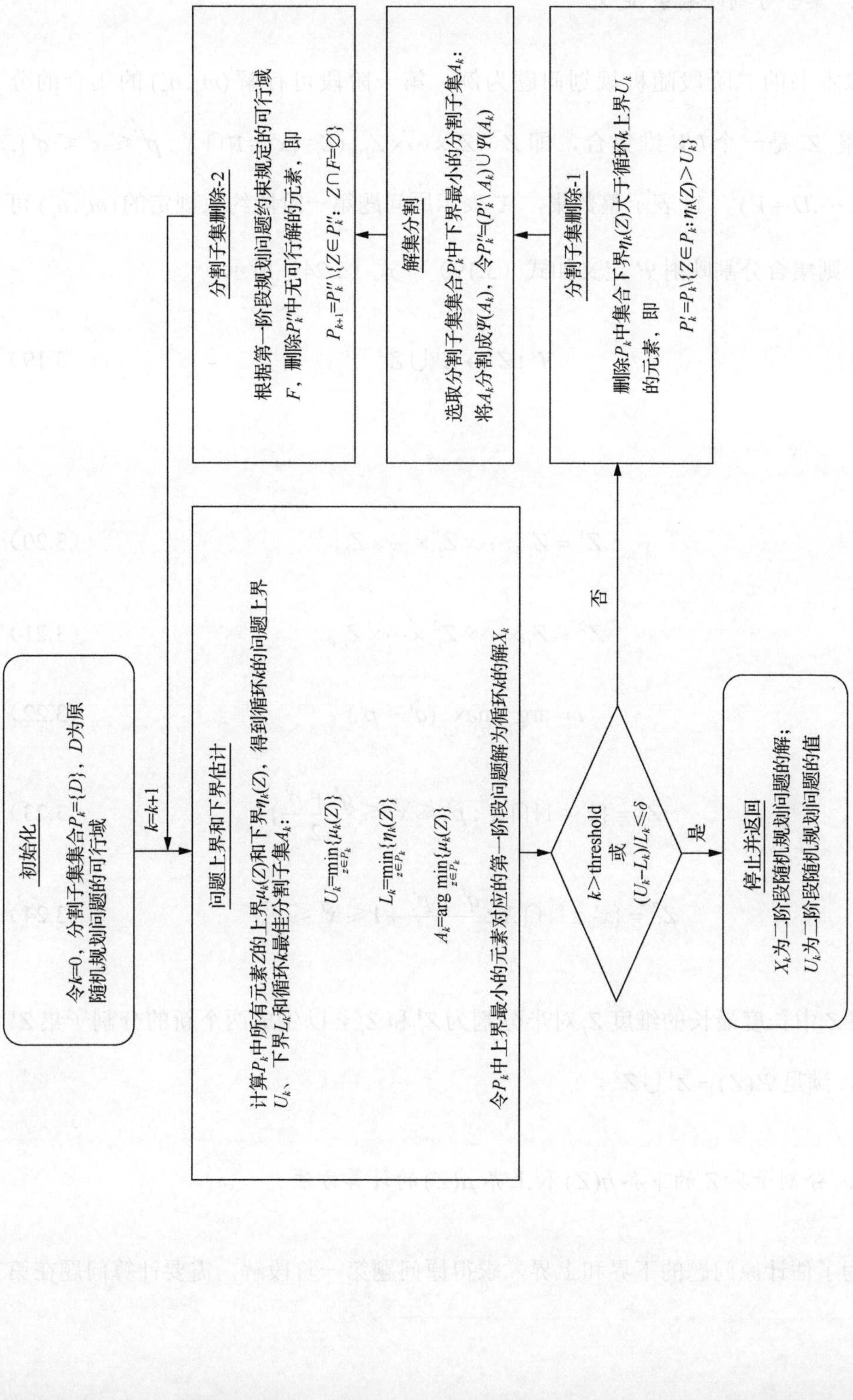

图 3.1 改进的随机分支定界算法框架

1. 集合分割映射$\varPsi$定义

以本书的二阶段随机规划问题为例，第一阶段可行解(m_u,n_v)的集合的分割子集 Z 是一个UV维集合，即$Z=Z_1\times\cdots\times Z_{UV}(Z_i=\{x^i\in\mathbb{N}\cap X:p^i\leqslant x^i\leqslant q^i\}$，$i=1,2,\cdots,U+V)$，$\mathbb{N}$表示整数集，$X$表示原问题第一阶段约束规定的$(m_u,n_v)$可行域，则集合分割映射$\varPsi$定义如式（3.19）～式（3.24）所示。

$$\varPsi:Z\to Z^1\cup Z^2 \tag{3.19}$$

式中，

$$Z^1=Z_1\times\cdots\times Z_i^1\times\cdots\times Z_{UV} \tag{3.20}$$

$$Z^2=Z_1\times\cdots\times Z_i^2\times\cdots\times Z_{UV} \tag{3.21}$$

$$i=\arg\max_{i=1,2,\cdots,UV}(q^i-p^i) \tag{3.22}$$

$$Z_i^1=\{x^i\in\mathbb{N}\cap X:p^i\leqslant x^i\leqslant\frac{q^i+p^i}{2}\} \tag{3.23}$$

$$Z_i^2=\{x^i\in\mathbb{N}\cap X:\frac{q^i+p^i}{2}+1\leqslant x^i\leqslant q^i\} \tag{3.24}$$

即，将Z中长度最长的维度Z_i对半分割为Z_i^1和Z_i^2，以生成两个新的分割子集Z^1和Z^2，满足$\varPsi(Z)=Z^1\cup Z^2$。

2. 分割子集Z的下界$\eta(Z)$和上界$\mu(Z)$的计算方法

为了估计原问题的下界和上界，求得原问题第一阶段解，需要计算问题在第一阶段解集合的分割子集的下界和上界。在本书提出的改进的随机分支定界算法中，上述目的通过交换目标函数中的优化符号和期望符号来实现。对于下界$\eta(Z)$，本书用在集合Z上原问题对应的观望解函数值的期望作为问题下界，具体计算方法如式（3.2）～式（3.5）、式（3.7）～式（3.18）和式（3.25）～式（3.27）所示。

$$\eta(Z)=\mathbb{E}_{\Xi}[g(m_u,n_v,\xi^s)] \tag{3.25}$$

式中，

$$g(m_u,n_v,\xi^s)=\min(a_u,b_v-\phi_v)^{\mathrm{T}}(m_u,n_v)+\sum_{uet}r_{uet}x_{uet}^s+\sum_{ivkt}c_{vit}^s y_{ivkt}^s+\sum_{et}h_{et}I_{et}^s \tag{3.26}$$

s.t.

$$[m_u,n_v]\in Z \tag{3.27}$$

对于上界$\mu(Z)$，本书提出的改进的随机分支定界算法是在给定一个第一阶段问题的可行解(m_u^*,n_v^*)下，通过计算$Q(m_u^*,n_v^*,\xi^s)$的期望来估计得到的，具体见式（3.2）～式（3.5）和式（3.7）～式（3.18）、式（3.28）～式（3.31）。

$$\mu(Z)=(a_u,b_v-\phi_v)^{\mathrm{T}}(m_u^*,n_v^*)+\mathbb{E}_{\Xi}[Q(m_u^*,n_v^*,\xi^s)] \tag{3.28}$$

式中，

$$Q(m_u^*,n_v^*,\xi^s)=\min\sum_{uet}r_{uet}x_{uet}^s+\sum_{ivkt}c_{vit}^s y_{ivkt}^s+\sum_{et}h_{et}I_{et}^s \tag{3.29}$$

s.t.

$$\sum_{e} q_{uet} x_{uet}^{s} \leqslant l_t (\sum_{u} m^*{}_u + M_u), \quad u=1,2,\cdots,U; t=1,2,\cdots,T; s=1,2,\cdots,S \tag{3.30}$$

$$\sum_{ik} t_{vit}^{s} y_{ivkt}^{s} \leqslant l_t (\sum_{v} n^*{}_v + N_v), \quad v=1,2,\cdots,V; t=1,2,\cdots,T; s=1,2,\cdots,S \tag{3.31}$$

在传统随机分支定界算法中，一般采用求解将随机参数期望代入原问题的期望值问题得到(m_u^*, n_v^*)，具体见式（3.2）～式（3.5）和式（3.32）～式（3.45）。

$$(m_u^*, n_v^*) = \arg\min (a_u, b_v - \phi_v)^{\mathrm{T}} (m_u, n_v) + Q(m_u, n_v, \mathbb{E}_{\Xi}[\xi^s]) \tag{3.32}$$

式中，

$$Q(m_u, n_v, \mathbb{E}_{\Xi}[\xi^s] = \min \sum_{uet} r_{uet} x_{uet} + \sum_{ivkt} \mathbb{E}_{\Xi}[c_{vit}^s] y_{ivkt} + \sum_{et} h_{et} I_{et} \tag{3.33}$$

s.t.

$$\sum_{e} q_{uet} x_{uet} \leqslant l_t (\sum_{u} m_u + M_u), \quad u=1,2,\cdots,U; t=1,2,\cdots,T \tag{3.34}$$

$$\sum_{ik} \mathbf{E}_{\Xi}[t_{vit}^s] y_{ivkt} \leqslant l_t (\sum_{v} n_v + N_v), \quad v=1,2,\cdots,V; t=1,2,\cdots,T \tag{3.35}$$

$$\sum_{i} \mathbf{E}_{\Xi}[t_{vit}^s] y_{ivkt} \leqslant l_t, \quad v=1,2,\cdots,V; k=1,2,\cdots,K; t=1,2,\cdots,T \tag{3.36}$$

$$\sum_{vkt} y_{ivkt} = 1, \quad i=1,2,\cdots,I \tag{3.37}$$

$$c_i = \sum_{vkt} t l_t y_{ivkt} + \sum_{vkt} \mathbb{E}_{\Xi}[t_{vit}^s] y_{ivkt}, \quad i=1,2,\cdots,I \tag{3.38}$$

$$c_i \leqslant w_i, \quad i=1,2,\cdots,I \tag{3.39}$$

$$I_{e1} = \sum_{u} x_{eu1} - \sum_{vik} \mathbb{E}_{\Xi}[d_{ie}^s] y_{ivk1}, \quad e=1,2,\cdots,E \tag{3.40}$$

$$I_{et} = I_{et-1} + \sum_{u} x_{eut} - \sum_{vik} \mathrm{E}_{\Xi}[d_{ie}^{s}] y_{ivkt}, \quad e = 1,2,\cdots,E; t = 2,3,\cdots,T \tag{3.41}$$

$$x_{eut} \geqslant 0, \quad e = 1,2,\cdots,E; u = 1,2,\cdots,U; t = 1,2,\cdots,T \tag{3.42}$$

$$y_{ivkt} = \{0,1\}, \quad i = 1,2,\cdots,I; v = 1,2,\cdots,V; k = 1,2,\cdots,K; t = 1,2,\cdots,T \tag{3.43}$$

$$c_i \geqslant 0, \quad i = 1,2,\cdots,I \tag{3.44}$$

$$I_{et} \geqslant 0, \quad e = 1,2,\cdots,E; t = 1,2,\cdots,T \tag{3.45}$$

然而，本书中的生产-配送二阶段资源优化问题中考虑了车辆限行措施造成的车辆配送能力不确定。在执行限行措施时，受限车型在受限时段（路段）完成订单配送的时间 t_{vit}^{s} 和成本 c_{vit}^{s} 为正无穷，导致随机参数具有波动剧烈的特点。在此情况下，对所有随机参数求期望会扩大车辆限行的影响时间和空间范围。因此，用传统随机规划中常用的代入随机参数期望值的方法得到的第一阶段可行解估计上界 $\mu(Z)$ 会有较大偏差，求得的 (m_u^*, n_v^*) 会比实际所需要的设备和车辆数量要多，影响上界估计效果。针对这一难题，结合改进的随机分支定界算法的求解流程特点，本书设计了一种基于局部搜索的问题上界估计方法，将在 3.3.2 节中详细介绍。

3. 分割子集的删除规则

删除分割子集的目的是删除无最优解和可行解的解集，从而缩小求解空间。本书提出的改进的随机分支定界算法中包含以下两种删除规则：一是在对 P_k 中元素上界和下界进行估计以后，删除其中集合下界 $\eta_k(Z)$ 大于循环上界 U_k 的分割子集Z；二是在新的分割子集生成后，检验新生成的子集中是否存在满足第一阶段约束条件式（3.2）和式（3.3），如果新生成的分割子集中不存在满足第一阶段约束条件的可行解，则删除该子集。

以上描述了本书改进的随机分支定界算法的框架和具体实现。该算法可以将原问题分解成多个小规模问题进行求解，以解决本书二阶段随机规划问题解空间规模大所带来的难题。但是，单纯依靠上述方法还是难以解决由情景规模大和随机参数波动剧烈造成的求解难题。因此针对上述特点，本书将引入局部搜索算法和情景分组算法，以提高算法求解效果和效率。

3.3.2 基于局部搜索的上界估计改进算法

在车辆限行条件下，受限车型在受限时段（路段）完成订单配送的时间t_{vit}^{s}和成本c_{vit}^{s}为正无穷。因此，通过对随机参数求期望得到的用于求解上界的车辆配送时间和成本参数，会扩大车辆限行的影响时间和空间范围，导致据此求得的车队车辆配置在数量或者配送能力上高于实际需求，影响上界估计效果。而根据随机分支定界算法特点，在计算Z的下界时，每个随机参数$\xi^{s}(s=1,2,\cdots,S)$都对应一个第一阶段解$x_{s}^{*}=(m_{u}^{s*},n_{v}^{s*})$，这些解中包含了不同情景下车队车辆的最佳配置。据此本书提出基于局部搜索的上界估计改进算法，利用Z下界计算过程得到的解构造上界计算的初始可行解$x_{ini}^{*}=(m_{u}^{ini*},n_{v}^{ini*})$，并通过局部搜索提高解的质量，从而提高上界估计效果。下面详细介绍局部搜索算法流程以及它的核心操作——初始解构造方法以及邻居解的定义和搜索规则。

1. 局部搜索算法流程

步骤 1：初始化，构造原问题在分割子集 Z 上的第一阶段初始解 (m_u^{ini*}, n_v^{ini*})。

步骤 2：生成初始解的邻居 $N(m_u^{ini*}, n_v^{ini*})$。

步骤 3：对集合 $N(m_u^{ini*}, n_v^{ini*}) \cup (m_u^{ini*}, n_v^{ini*})$ 中的每一个元素，检验其是否在 Z 中以及是否满足原问题第一阶段约束式（3.2）和式（3.3），删除其中不在 Z 中或者不满足第一阶段问题约束条件的解，生成新的第一阶段解集合 $N'(m_u^{ini*}, n_v^{ini*})$。

步骤 4：对 $N'(m_u^{ini*}, n_v^{ini*})$ 中的每一个元素，按照式（3.2）～式（3.5）、式（3.7）～式（3.18）和式（3.28）～式（3.31）计算原问题在分割子集 Z 上的上界。

步骤 5：选取其中对应的上界作为分割子集的上界 $\mu(Z)$，对应的元素作为 Z 对应的第一阶段解 (m_u^*, n_v^*)，并返回 $\mu(Z)$ 和 (m_u^*, n_v^*)，结束。

2. 初始解构造方法

根据上一小节的分析，利用求解原问题在分割子集 Z 上的期望值问题这一方式，获取用于估计区间上界的第一阶段决策的解，不适用于本书的生产-配送资源优化的二阶段随机规划问题。因此，我们希望基于在求解分割子集 Z 上的下界时得到的各个情境下第一阶段最优解 $x_s^* = (m_u^{s*}, n_v^{s*})$（$s = 1, 2, \cdots, S$），探索一个较好的可行解来估计上界。在局部搜索算法中，就需要利用 $x_s^* = (m_u^{s*}, n_v^{s*})$ 构造一个第一阶段问题的初始可行解 (m_u^{ini*}, n_v^{ini*})。

具体而言，根据本书模型特征，(m_u^*, n_v^*) 是一个 UV 维向量（$U = 2, V = 3$），m_1^* 表示型号 1 的生产设备数量，m_2^* 表示型号 2 的生产设备数量，n_1^* 表示新能源车辆数量，n_2^* 和 n_3^* 分别表示单双号的传统能源车辆数量。令 (m_u^{s*}, n_v^{s*}) 为情景 s 对应的生产-配送资源优化问题的解，(m_u^{ini*}, n_v^{ini*}) 为构造的用于估计上界的初始解。初始解的构造规则如下：

$$m_1^{ini*} = \max_{s\in\{1,2,\cdots,S\}} \{m_1^{s*}\} \tag{3.46}$$

$$m_2^{ini*} = \max_{s\in\{1,2,\cdots,S\}} \{\sum_{u=1,2} m_1^{s*}\} - m_1^{ini*} \tag{3.47}$$

$$n_1^{ini*} = \max_{s\in\{1,2,\cdots,S\}} \{n_1^{s*}\} \tag{3.48}$$

$$n_2^{ini*} = \max_{s\in\{1,2,\cdots,S\}} \{\sum_{v=1,2} n_v^{s*}\} - n_1^{ini*} \tag{3.49}$$

$$n_3^{ini*} = \max_{s\in\{1,2,\cdots,S\}} \{\sum_{v=1,3} n_v^{s*}\} - n_1^{ini*} \tag{3.50}$$

为了证明根据上述规则构造出的解 (m_u^{ini*}, n_v^{ini*}) 是原问题第一阶段问题的可行解（即对于每一个情景下的生产-配送作业调度问题都可行），需要证明如下4个命题。命题中的符号说明为：给定随机参数 ξ^{s_1} 和 ξ^{s_2} $(s_1, s_2 = 1,2,\cdots,S)$，将它们对应的生产-配送资源优化问题的第一阶段问题的解分别记为 $(m_u^{s_1*}, n_v^{s_1*})$ 和 $(m_u^{s_2*}, n_v^{s_2*})$。

命题 3.1：若 $\sum_u m_u^{s_1*} = \sum_u m_u^{s_2*}$ 且 $n_v^{s_1*} = n_v^{s_2*}(v=1,2,\cdots,V)$，如果 $m_u^{s_1*} \geqslant m_u^{s_2*}$（$U=2$，且型号 1 的设备为生产效率较高的设备类型），则 s_1 对应的第一阶段可行解 $(m_u^{s_1*}, n_v^{s_1*})$ 对于情景 s_2 下的生产-配送作业调度问题也可行。

证明：若 $m_1^{s_1*} = m_1^{s_2*}$，则根据 $\sum_u m_u^{s_1*} = \sum_u m_u^{s_2*}$ 和 $n_v^{s_1*} = n_v^{s_2*}(v=1,2,\cdots,V)$，有 $(m_u^{s_1*}, n_v^{s_1*}) = (m_u^{s_2*}, n_v^{s_2*})$，问题得证。

若 $m_1^{s_1*} > m_1^{s_2*}$，则假设 $(m_u^{s_1*}, n_v^{s_1*})$ 对于 s_2 对应的生产-配送作业调度问题不可行，s_2 对应的生产和配送作业相对于 s_1 对应的作业需要更多的设备产能。而由于 $m_1^{s_1*} > m_1^{s_2*}$，且型号 1 的设备为生产效率较高的设备类型，则为了提高整体产能需要购买更多的型号 2 的设备，用来提高整体产能，即 $m_1^{s_1*} - m_1^{s_2*} < m_2^{s_1*} - m_2^{s_2*}$。

显然，这与 $\sum_{u} m_u^{s_1*} = \sum_{u} m_u^{s_2*}$ 矛盾。因此假设不成立，命题成立，即满足命题条件的 s_1 对应的第一阶段可行解 $(m_u^{s_1*}, n_v^{s_1*})$ 对于 s_2 对应的生产-配送作业调度问题也可行。 □

命题 3.2：若 $\sum_{u} m_u^{s_1*} \geqslant \sum_{u} m_u^{s_2*}$ 且 $n_v^{s_1*} = n_v^{s_2*} (v = 1,2,\cdots,V)$，如果 $m_u^{s_1*} \geqslant m_u^{s_2*}$，则 s_1 对应的第一阶段可行解 $(m_u^{s_1*}, n_v^{s_1*})$ 对于情景 s_2 下的生产-配送作业调度问题也可行。

证明：类似命题 3.1，同理可证。 □

命题 3.3：若 $\sum_{v} n_v^{s_1*} = \sum_{v} n_v^{s_2*}$ 且 $m_u^{s_1*} = m_u^{s_2*} (u = 1,2,\cdots,U)$，如果 $n_1^{s_1*} + n_2^{s_1*} \geqslant n_1^{s_2*} + n_2^{s_2*}$ 且 $n_1^{s_1*} + n_3^{s_1*} \geqslant n_1^{s_2*} + n_3^{s_2*}$（$V = 3$，车型 1 代表新能源车辆，车型 2 和车型 3 分别代表单双号传统能源车辆），则 s_1 对应的第一阶段可行解 $(m_u^{s_1*}, n_v^{s_1*})$ 对于 s_2 对应的生产-配送作业调度问题也可行。

证明：若 $n_1^{s_1*} + n_2^{s_1*} = n_1^{s_2*} + n_2^{s_2*}$ 且 $n_1^{s_1*} + n_3^{s_1*} = n_1^{s_2*} + n_3^{s_2*}$，则根据 $\sum_{v} n_v^{s_1*} = \sum_{v} n_v^{s_2*}$ 且 $m_u^{s_1*} = m_u^{s_2*} (u = 1,2,\cdots,U)$，有 $(m_u^{s_1*}, n_v^{s_1*}) = (m_u^{s_2*}, n_v^{s_2*})$，问题得证。

若 $n_1^{s_1*} + n_2^{s_1*} > n_1^{s_2*} + n_2^{s_2*}$ 且 $n_1^{s_1*} + n_3^{s_1*} > n_1^{s_2*} + n_3^{s_2*}$，假设 $(m_u^{s_1*}, n_v^{s_1*})$ 对于 s_2 对应的生产-配送作业调度问题不可行，则 s_2 对应的生产-配送作业相对于 s_1 对应的问题需要更高的配送能力，且有 $n_1^{s_1*} + n_2^{s_1*} > n_1^{s_2*} + n_2^{s_2*}$ 且 $n_1^{s_1*} + n_3^{s_1*} > n_1^{s_2*} + n_3^{s_2*}$。因此，为了使 s_2 有更高的配送能力，需要满足 $n_1^{s_2*} \geqslant n_1^{s_1*}$。但是，由 $n_1^{s_1*} + n_2^{s_1*} > n_1^{s_2*} + n_2^{s_2*}$ 且 $n_1^{s_1*} + n_3^{s_1*} > n_1^{s_2*} + n_3^{s_2*}$，以及 $\sum_{v} n_v^{s_1*} = \sum_{v} n_v^{s_2*}$ 推论可得 $n_1^{s_2*} < n_1^{s_1*}$，与 $n_1^{s_2*} \geqslant n_1^{s_1*}$ 矛盾。因此假设不成立，命题成立，即满足命题条件的 s_1 对应的第一阶段可行解 $(m_u^{s_1*}, n_v^{s_1*})$ 对于 s_2 对应的生产-配送作业调度问题也可行。

当 $n_1^{s_1*}+n_2^{s_1*}\geqslant n_1^{s_2*}+n_2^{s_2*}$ 且 $n_1^{s_1*}+n_3^{s_1*}>n_1^{s_2*}+n_3^{s_2*}$ 时，或当 $n_1^{s_1*}+n_2^{s_1*}>n_1^{s_2*}+n_2^{s_2*}$ 且 $n_1^{s_1*}+n_3^{s_1*}\geqslant n_1^{s_2*}+n_3^{s_2*}$ 时，同理可证。□

命题 3.4： 若 $\sum_v n_v^{s_1*}\geqslant\sum_v n_v^{s_2*}$ 且 $m_u^{s_1*}=m_u^{s_2*}\ (u=1,2,\cdots,U)$，如果 $n_1^{s_1*}+n_2^{s_1*}\geqslant n_1^{s_2*}+n_2^{s_2*}$ 且 $n_1^{s_1*}+n_3^{s_1*}\geqslant n_1^{s_2*}+n_3^{s_2*}$（$V=3$，车型 1 代表新能源车辆，车型 2 和车型 3 分别代表单双号传统能源车辆），则 s_1 对应的第一阶段可行解 $(m_u^{s_1*},n_v^{s_1*})$ 对于 s_2 对应的生产-配送作业调度问题也可行。

证明： 类似命题 3.3，同理可证。□

上述命题可以证明本书的构造方法有效。而为了保证构造的初始解在分割子集 Z 中，$Z=Z_1\times\cdots\times Z_{UV}\,(Z_i=\{x^i\in\mathbb{N}\cap X:l^i\leqslant x^i\leqslant u^i\},i=1,2,\cdots,U+V)$，按照式(3.51)和式（3.52）调整构造解，从而得到初始解 (m_u^{ini*},n_v^{ini*})。

$$m_u^{ini*}=\begin{cases}l_i, & m_u^{ini}<l_i\\ m_u^{ini}, & l_i\leqslant m_u^{ini}\leqslant u_i, \quad i=1,2,\cdots,U\\ u_i, & m_u^{ini}>u_i\end{cases} \tag{3.51}$$

$$n_v^{ini*}=\begin{cases}l_i, & n_v^{ini}<l_i\\ n_v^{ini}, & l_i\leqslant n_v^{ini}\leqslant u_i, \quad i=U+1,U+2,\cdots,V\\ u_i, & n_v^{ini}>u_i\end{cases} \tag{3.52}$$

3. 邻居定义和搜索规则

根据本书生产-配送资源优化问题第一阶段问题的特点，(m_u^*,n_v^*) 表示的是采购设备和车辆的数量，是非负整数解。据此本书局部搜索算法中邻居解定义为：给定初始解 (m_u^{ini*},n_v^{ini*})，在 Z 内分别对每个维度进行步长为+1 和−1 的移动，生成邻居解。搜索过程则遵循贪婪策略，比较上述邻居解代入式（3.30）计算所得到的上界，找出其中最小的上界作为 Z 的上界，对应的解为 Z 的解。

3.3.3 基于情景分组的上界和下界估计改进算法

随着问题情景的规模增大，随机分支定界算法中估计原问题在分割子集上的上界和下界的计算规模也会增大，因此上界估计问题的计算次数会增加，下界估计问题的问题规模也会增大，导致计算时间变长、求解效率降低。针对这一难题，本书引入情景分组的方法，通过将原有的情景分成少量的情景集合，并令一个情景集合对应一个随机参数，减少求解次数和减小问题规模，从而提高上界和下界的估计效率。下面将分别介绍情景分组算法，以及基于情景分组的上界和下界估计改进算法。

1. 情景分组算法

对情景规模较大的随机规划问题来说，通过情景分组来减少第二阶段问题的情景数量是提高求解效率的常见思路。本书采用两类分组思路：基于相似性的情景分组和基于相异性的情景分组。基于情景对应的随机参数间的距离，将情景的集合 $\{1,2,\cdots,S\}$ 分为 $G_1,G_2,\cdots,G_M$ 这 M 个组，两类分组思路对应的伪代码见算法 3.1 和算法 3.2。特别要指出的是，在本书的生产-配送资源优化问题中，对于一组包含 N 个 p 维随机参数的集合 $\{\xi^1,\xi^2,\cdots,\xi^N\}$，其质心定义为 $\tilde{\xi}=\{\frac{1}{N}\sum_{n=1}^{N}\xi_1^n,\cdots,\frac{1}{N}\sum_{n=1}^{N}\xi_p^n\}$。而对于任意两个随机参数 ξ^i 和 ξ^j，它们之间的距离定义为欧几里得距离。

算法 3.1 基于 k-means 的相似性分组算法（将情景聚为 M 类）伪代码

1：随机取 n 个情景中的 K 个情景，将情景对应的随机参数作为质心，测量每个剩余情景对应的随机参数到每个质心的距离，并将对应的情景归到最近的质心的类，得到初始聚类分组

2：**while** 得到一个新的聚类分组 **do**

3： 计算每个聚类分组的质心

4： 测量每个情景对应的随机参数到每个质心的距离，并将其归到距离最近的质心的类，更新聚类分组

5：**end while**

6：得到情景分组结果，记为 $G_1,G_2,\cdots,G_M$

算法 3.2 基于 k-means 的相异性分组算法（将情景聚为 M 类）伪代码

1～5：同基于 k-means 的相似性分组算法得到情景分组结果，记为 $G_1',G_2',\cdots,G_M'$

6：生成 $M\times M$ 个随机非负整数以组成矩阵 $\{m_{ij}\}_{M\times M}$ ，满足 $\sum_j m_{ij}=|G_i'|$ ，$i=1,2,\cdots,M$

7：根据 $\{m_{ij}\}_{M\times M}$ 对情景组 $G_1',G_2',\cdots,G_M'$ 中的情景进行重新分组，其中 G_i' 中属于新情景组 G_j 的元素个数为 k_{ij} 个，据此得到情景组 $G_1,G_2,\cdots,G_M$

2. 基于情景分组的下界估计改进算法

本书随机分支定界算法采用在集合 Z 上原问题对应的观望解函数值的期望［记为 WS（wait-and-see）］作为问题下界。但是随着情景规模增大，求解下界时需要求解问题的数量也会增加，求解效率会降低。为解决这一问题，本书通过对

情景进行分组，求解每组情景下的随机规划问题，通过计算它们的目标函数值对应的期望来估计原问题对应的下界。为了简明，本书以标准二阶段随机规划问题 $\min\limits_{x\in X\cap D}\{cx+\mathbb{E}_{\Xi}[Q(x,\xi^s)]\}$ 为例，对基于情景分组的下界估计改进算法进行介绍。具体而言，给定随机向量 $\Xi=\{\xi^1,\xi^2,\cdots,\xi^S\}$，依据上面的方法将对应的情景分为 $G_1,G_2,\cdots,G_M$ 这样 M 个组，组 G_m 中包含所有情景对应的概率之和，记为 $w_m=\sum\limits_{j\in G_m}p_j$，$p_j$ 为情景 j 对应的概率。据此，基于情景分组的下界估计方法如式（3.53）和式（3.54）。

给定一个情景分组 G_m，将其在分割子集 Z 上对应的确定性等价问题记为 $\Gamma(G_m)$。

$$\Gamma(G_m)=\min_{x\in X\cap D\cap Z}\{cx+\sum_{j\in G_m}\frac{p_j}{w_m}Q(x,\xi^j)\} \tag{3.53}$$

式中，$Q(x,\xi^j)=\min\limits_{y\in Y}q(x,\xi^j)$。因此，通过情景分组得到的集合 Z 上的原问题下界 $\mathrm{GLB}(M)=\sum\limits_m w_m\Gamma(G_m)$ 可以表示为

$$\mathrm{GLB}(M)=\sum_m w_m\Gamma(G_m)=\sum_m w_m\min_{x\in X\cap D\cap Z}\{cx+\sum_{j\in G_m}\frac{p_j}{w_m}Q(x,\xi^j)\} \tag{3.54}$$

为了证明上述下界估计算法有效且其估计效果好于求解 WS 问题，以下给出 $\mathrm{WS}\leqslant\mathrm{GLB}(M)\leqslant\mathrm{RP}$ 的证明，这里 RP 表示原问题对应确定性等价问题的目标函数值。

命题 3.5：对于二阶段随机规划问题 $\min\limits_{x\in X\cap D}\{cx+\mathbb{E}_{\Xi}[Q(x,\xi^s)]\}$，其中 $Q(x,\xi^j)=\min\limits_{y\in Y}q(x,\xi^j)$，对于任意一个情景分组 $G_1,G_2,\cdots,G_M(1\leqslant M\leqslant S)$，都有 $\mathrm{WS}\leqslant\mathrm{GLB}(M)\leqslant\mathrm{RP}$。特别地，当 $M=1$ 时，有 $\mathrm{GLB}(M)=\mathrm{RP}$；当 $M=S$ 时，有 $\mathrm{GLB}(M)=\mathrm{WS}$。

证明：对于特殊情况，当 $M=1$ 时，$\mathrm{GLB}(M)=\mathrm{RP}$，当 $M=S$ 时，$\mathrm{GLB}(M)=\mathrm{WS}$，显然成立。

以下证明，当 $1<M<S$ 时，有 $\mathrm{WS}\leqslant \mathrm{GLB}(M)\leqslant \mathrm{RP}$。记 x^s 为 WS 中情景 s 下第一阶段最优解，记 x^m 为 $\Gamma(G_m)$ 对应的第一阶段最优解，记 $\tilde{x}$ 为 RP 问题的第一阶段最优解，则根据定义有

$$\begin{aligned}
\mathrm{GLB}(M) &= \sum_m w_m \min_{x\in X\cap D\cap Z}\{cx+\sum_{\xi^j\in G_m}\frac{p_j}{w_m}Q(x,\xi^j)\}\\
&= \min_{x\in X\cap D\cap Z}\{\sum_m w_m cx+\sum_m w_m \sum_{\xi^j\in G_m}\frac{p_j}{w_m}Q(x,\xi^j)\}\\
&\leqslant \sum_s p_s cx^s+\sum_s p_s Q(x^s,\xi^s)=\mathbb{E}_{\Xi}[\min_{x\in X\cap D}\{cx+Q(x,\xi^s)\}]=\mathrm{WS}
\end{aligned}$$

$$\begin{aligned}
\mathrm{RP} &= \min_{x\in X\cap D}\{cx+\mathbb{E}_{\Xi}[Q(x,\xi^s)]\}=\min_{x\in X\cap D}\{cx+\sum_s p_s Q(x,\xi^s)\}\\
&= \sum_s p_s c\tilde{x}+\sum_s p_s Q(\tilde{x},\xi^s)\\
&\geqslant \sum_m w_m cx^m+\sum_m w_m \sum_{\xi^j\in G_m}\frac{p_j}{w_m}Q(x^m,\xi^i)=\mathrm{GLB}(M)
\end{aligned}$$

由此，可以得出，$\mathrm{WS}\leqslant \mathrm{GLB}(M)\leqslant \mathrm{RP}$。 □

3. 基于情景分组的上界估计改进算法

本书的改进随机分支定界算法采用给定第一阶段可行解求解第二阶段问题期望值的方法[这一方法得到的目标函数值记为 EEV（expectation of expected value）]来估计问题上界。当情景规模增大时，需要求解第二阶段问题的次数会增加，使得求解效率降低。本书采用情景分组的方法，采用一次求解多个第二阶段优化问题，来减少求解次数，提高求解效率。同样，这一小节采用二阶段随机规划模型

的标准形式 $\min\limits_{x\in X\bigcap D}\{cx+\mathbb{E}_{\varXi}[Q(x,\xi^s)]\}$，对上界估计改进算法进行描述。给定随机向量 $\varXi=\{\xi^1,\xi^2,\cdots,\xi^S\}$，依据上面的方法将对应的情景分为 $G_1,G_2,\cdots,G_M$ 这样 M 个组，对应的概率之和为 $w_1,w_2,\cdots,w_M$，p_j 为情景 j 对应的概率。据此，基于情景分组的区间上界估计方法如式（3.55）和式（3.56）。

给定一个情景分组 G_m，将其在分割子集 Z 上对应的第二阶段问题记为 $\varPhi(G_m)$。

$$\varPhi(G_m)=\sum_{j\in G_m}\frac{p_j}{w_m}Q(x^*,\xi^j) \tag{3.55}$$

式中，$Q(x^*,\xi^j)=\min\limits_{y\in Y}q(x^*,\xi^j)$。则通过情景分组得到的集合 Z 上的原问题上界 $\mathrm{GUB}(M)$ 可以表示为

$$\mathrm{GUB}(M)=cx^*+\sum_m w_m\varPhi(G_m)=cx^*+\sum_m w_m\sum_{j\in G_m}\frac{p_j}{w_m}Q(x^*,\xi^j) \tag{3.56}$$

根据本书研究的二阶段随机规划问题的特点，在给定 x^* 的情况下，任意两个第二阶段问题 $\min\limits_{y\in Y}q(x^*,\xi^j)$ 和 $\min\limits_{y\in Y}q(x^*,\xi^j)$ 都相互独立，因此 $\mathrm{GUB}(M)=cx^*+\sum_m w_m\sum_{j\in G_m}\frac{p_j}{w_m}Q(x^*,\xi^j)=cx^*+\sum_s p^sQ(x^*,\xi^s)=\mathrm{EEV}$。通过求解 $\mathrm{GUB}(M)$ 可以有效地减少问题求解次数，提高效率。

3.4 本章小结

本章针对生产-配送联合决策中的资源优化问题，提出了生产-配送资源优化

的二阶段随机规划决策方法。首先，对问题进行描述和界定，给出模型假设，并对模型参数和决策变量进行了分析说明；其次，建立了生产-配送资源优化的二阶段随机规划模型，并对模型的目标函数和约束条件进行了详细的分析和说明；最后，针对本书二阶段随机规划模型解空间规模较大、随机参数波动剧烈的特征，提出了嵌入局部搜索和情景分组的改进的随机分支定界算法。

4 车辆限行条件下包含装配作业的生产-配送作业联合调度方法

根据第 2 章中的生产-配送作业联合决策分析，在生产和配送资源确定以后，在实际运营中还需要根据每天的客户需求以及可用生产和配送资源数量，生成订单装配和物流配送的生产配送作业计划，以指导加工配送中心每天的作业。结合按单生产的加工配送中心的作业实际，本书提出了一个生产阶段包含生产和组装两种操作的生产-配送作业联合调度问题，并建立了包含装配作业的生产-配送作业联合调度整数规划模型。为了求解这一模型，本书提出基于序贯调度的迭代启发式算法。

4.1 车辆限行条件下包含装配作业的生产-配送作业联合调度模型

4.1.1 问题描述与建模思路

本书研究的按单生产模式下的加工配送中心中，生产是指根据客户需求将商品进行拣选和装配形成订单包裹过程，配送是指按照客户指定的配送时间送达指定配送地点的过程。这一模式满足了客户的个性化需求，客户可以自由地根据需求选择购买不同种类和数量的产品。而企业在进行作业调度决策时，则需要系统地考虑原材料的生产、订单组装和订单配送这三个阶段的作业任务。这一类生产-配送作业联合调度问题在面向终端客户的按单生产模式下的时间敏感产品（例如生鲜食品、盒饭等）的供应链中十分常见。此外，在车辆限行条件下，加工配送中心每天可用的配送资源都是不同的。因此，加工配送中心需要根据当日限行情况确定可用的车辆车型和数量，并结合当日客户需求，确定生产设备和配送车辆的配置以及相应的生产配送作业计划。同时，为了及时满足客户需求，需要考虑城市交通拥堵的情况，制订配送计划完成配送任务。而对于时间敏感性产品来说，订单从生产到配送这一过程通常需要在很短时间（如许多在线生鲜零售商要求从采摘到配送的时间为 24 小时）内完成。因此，上述生产-配送作业联合调度决策需要考虑更多的生产细节以满足订单的多样性和配送的及时性，这一复杂的决策需要在短时间完成以满足实际需求。

本书考虑一个面向城市物流的、满足客户高度个性化预定的按单生产供应链的加工配送中心的作业调度问题，其中包含了原材料的分包（生产）、订单的分拣和包装（组装）、订单的配送（配送）三个作业，由最小销售单元（原材料分包后形成的具有标准重量/数量的产品）生产车间、订单组装车间和订单配送车间完成。图 4.1 表示了一个典型的服务于城市客户的、按单生产模式下的加工配送中心的日常工作流程：每天在 15:00 停止接收订单，15:00～17:00 准备好当日所需的原材料，同时根据当日的客户需求生成生产-组装-配送计划，以指导后续生产、组装和配送车间的作业。

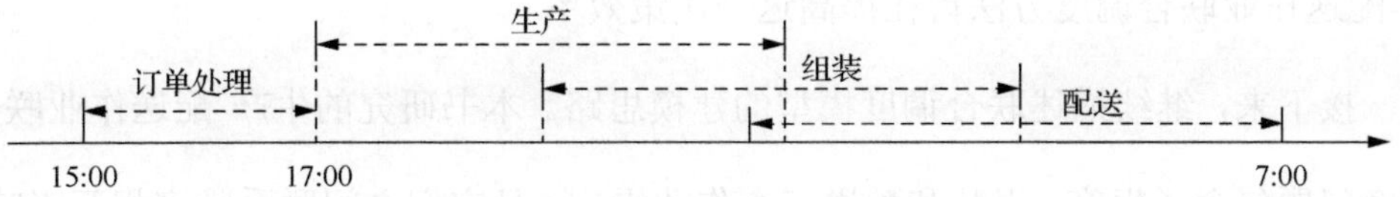

图 4.1　加工配送中心日常生产-配送作业流程

具体而言，加工配送中心的日常作业流程描述如下。首先，最小销售单元生产车间是一个平行机的作业车间，加工设备可以根据原材料的不同，在多个生产模式之间切换，切换生产模式需要时间和成本。因为原材料加工一般来说是标准化的，这一车间可以是高度自动化的。其次，订单组装车间也是一个多平行机的作业车间，并且具有设备开启成本。由于订单组装过程需要将最小销售单元从货架上取出并根据客户订单进行组合包装，是一个劳动密集型的过程，因此订单包装作业计划中需要考虑工人的雇佣计划（长期工人和临时工人）。最后，订单配送车间有多个具有体积和容量约束的同车型车辆。所有订单都必须在截止时间之前完成配送。一个车辆在同一周期可以配送多个订单，但是一个订单只能由一个车次配送，即订单是不可分割配送的。综上所述，本书提出包含装配作业的生产-配送作业联合调度问题，其主要涉及如下三类决策。

（1）最小销售单元生产车间：平行机作业排序。

（2）订单组装车间：设备开启决策、工人雇佣计划和订单排序。

（3）订单配送车间：车辆路径和发车时间计划。

因此，本书的生产-配送作业联合调度问题包含考虑订单多样性的平行机调度问题的二阶段生产作业计划和配送路径规划问题。对于加工配送中心来说，其日常调度的主要目标是在给定时间内完成订单配送的情况下，最小化日常生产配送成本以及产品（包括半成品和成品）的库存成本。本书提出的包含装配作业的生产-配送作业联合调度方法旨在提高这一决策效率。

接下来，继续描述联合调度模型的建模思路。本书研究的生产-配送作业联合调度问题包含了生产、组装和配送三个作业操作，且它们之间联系紧密相互影响，其协同与否对于日常生产配送成本以及相应的产品库存成本影响巨大。因此，需要建立一个联合的优化调度模型，对上述作业计划进行联合决策。本书以最小销售单元生产、订单组装和订单配送计划作为决策变量，以最小化生产配送作业和库存成本作为优化目标，建立包含装配作业的生产-配送作业联合调度模型，模型具体结构如图 4.2 所示。

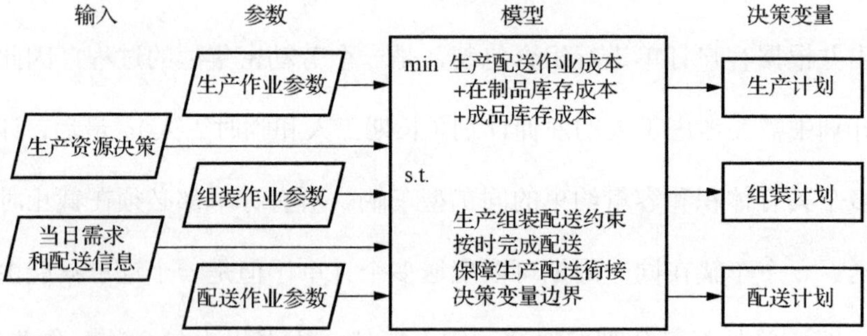

图 4.2 包含装配作业的生产-配送作业联合调度模型框架

4.1.2 模型假设及参数变量说明

本书包含装配作业的生产-配送作业联合调度模型是一类确定性的整数规划模型，其具体的模型假设如下：最小销售单元生产车间和订单包装车间机器是平行机；最小销售单元分包机器可以在四种生产模式和空驶模式之间切换，模式切换需要时间和成本，且满足三角不等式；忽略加工配送中心内部的物流时间和成本；由于本书考虑的问题中生产-包装-配送过程需要在短时间内完成（通常是

24h），因此不考虑生鲜产品的易腐性，而将这一特性体现为更高的库存成本；为了应对客户需求波动，本书考虑在包装阶段雇佣临时工，同时正式工和临时工有不同的薪酬和工作效率。

在构建生产-配送作业联合调度模型时，首先要对模型中的关键要素进行描述，同时也要给出决策变量的定义。以下将分别描述和表示模型的参数和决策变量。

考虑一个加工配送中心 $i(i=0)$ 以最小销售单元的形式为 I 个客户提供 U 种产品，其中客户（订单）$i=1,2,\cdots,I$ 对产品 $u=1,2,\cdots,U$ 的需求量记为 q_{iu}（一个单位需求是一个被包装成标准分量的最小销售单元）。加工配送中心每天的作业时间被均匀地分为 T 个时间段，将每个时间段的长度记为 l_t（$t=1,2,\cdots,T$）。每个时间段内生产的最小销售单元将在该周期末尾统一释放，且这一规则对于订单包装车间同样适用。未被马上包装的最小销售单元和未被马上配送的客户订单将分别以 h_u 和 h_i 的单位存储成本存储在加工配送中心的缓冲区中。

最小销售单元生产车间有 M 个平行机，每个机器在每个周期里最多可以生产 R 个最小销售单元。同时，机器有 E 个生产模式，并可以以 s_{uv}^t 和 s_{uv}^m 的时间和费用成本在生产产品 u 和产品 v（$u,v=1,2,\cdots,U$）的模式之间切换，生产一个产品 u 的最小销售单元的时间和费用成本分别为 p_u^t 和 p_u^m。最小销售单元的生产过程是高度自动化的，因此本书生产-配送作业联合调度模型不考虑这一阶段的人力成本。一个产品 u 最小销售单元的重量为 w_u。

订单包装车间有 N 个平行机。包装订单 $i=1,2,\cdots,I$ 的时间和费用成本分别为 a_i^t 和 a_i^m，这两个参数与订单包含的最小销售单元的种类和数量有关。开启一个订单包装机器需要 L 个工人（包括正式工和临时工），并且机器的开启成本为 O_n。

正式工人工资按天计算，一个工人每天工资为C^{α}，临时工人工资按照时间段计算，一个工人每个工作时间段（作业周期）工资为C^{β}。

订单配送车间有K个配送车辆，车辆的时间容量约束为C，重量约束为W。对于所有客户集合$\{1,2,\cdots,I\}$中的任意一对(i,j)，配送的时间和费用成本分别为c_{ij}^{t}和c_{ij}^{m}。所有订单必须要在一个预先给定的配送截止时间Due之前完成配送。

包含装配作业的生产-配送作业联合调度问题中的决策变量符号说明如下：

x_{murt}——0-1变量，如果机器m在时间段t生产的第r件最小销售单元是产品u，则该变量等于1，否则等于0。

x_{muvrt}——0-1变量，如果机器m在时间段t生产的第r件最小销售单元是产品u，且其后生产的是产品v，则该变量等于1，否则等于0。

y_{nt}——0-1变量，如果机器n在时间段t被开启，则该变量等于1，否则等于0。

y_{nit}——0-1变量，如果订单i在时间段t在机器n上包装，则该变量等于1，否则等于0。

I_{ut}——整数变量，产品u在时间段t末尾的库存数量。

c_i——整数变量，订单i的包装完成时间。

α——整数变量，每天雇佣正式工的数量。

β_t——整数变量，时间段t雇佣的临时工数量。

Z_{kih}——0-1变量，如果订单i由车辆k的车次h进行配送，则该变量等于1，否则等于0。

Z_{kijh}——0-1变量，如果订单j由车辆k的车次h进行配送，且订单j的配送紧接在订单i的配送以后，则该变量等于1，否则等于0。

d_i——整数变量，订单 i 的配送出发时间。

d_{kh}——整数变量，车辆 k 的车次 h 的出发时间。

4.1.3　生产-配送作业联合调度模型

根据问题描述，加工配送中心的日常运营成本包括最小销售单元的生产成本、订单组装成本、订单配送成本、最小销售单元（半成品）的库存成本和订单（成品）的库存成本。企业以上述成本之和最小为调度目标，生成加工配送中心作业计划决策，并保证订单按时送达。根据这一目标，本书建立如下生产-配送作业联合调度的确定性整数规划模型：

$$\begin{aligned}\min \sum_{murt} p_u^m x_{murt} + \sum_{muvrt} s_{uv}^m x_{muvrt} + \sum_{nt} O_n y_{nt} + \sum_{nirt} a_i^m y_{nirt} \\ + C^{\alpha}\alpha + \sum_t C^{\beta}\beta_t + \sum_{kijh} c_{ij}^m Z_{kijh} + \sum_{ut} h_u I_{ut} + \sum_i h_i (d_i - c_i)\end{aligned} \tag{4.1}$$

式（4.1）是生产-配送作业联合调度模型的目标函数，表示最小销售单元的生产成本、生产机器的转换成本、包装机器的开始成本、订单组装作业成本、订单组装正式工的雇佣成本、订单组装临时工的雇佣成本、订单配送成本、最小销售单元的库存成本和订单的库存成本之和最小。

s.t.

（1）最小销售单元生产计划约束：

$$\sum_{ur} p_u^t x_{murt} + \sum_{uvr} s_{uv}^t x_{muvrt} \leqslant l_t, \quad m = 1,2,\cdots,M; t = 1,2,\cdots,T \tag{4.2}$$

$$\sum_{mrt} x_{murt} = \sum_i q_{iu}, \quad u = 1,2,\cdots,U \tag{4.3}$$

式（4.2）表示在每个作业周期内，分配给每台生产机器的最小销售单元生产任务的生产时间和机器转换时间，不超过这一作业周期的总时长。式（4.3）表示生产车间按照客户需求生产最小销售单元，即所有的客户需求都将被满足，且加工配送中心不会生产多余的最小销售单元。

（2）订单组装计划约束：

$$\sum_{nt} y_{nit} = 1, \quad i = 1,2,\cdots,I \tag{4.4}$$

$$y_{nit} - y_{nt} \leqslant 0, \quad n = 1,2,\cdots,N; i = 1,2,\cdots,I; t = 1,2,\cdots,T \tag{4.5}$$

$$\sum_{ni} a_i^t y_{nis} \leqslant l_t, \quad t = 1,2,\cdots,T \tag{4.6}$$

$$L\sum_{n} y_{nit} - \alpha - \beta_t \leqslant 0, \quad t = 1,2,\cdots,T \tag{4.7}$$

$$c_i = \sum_{nt} t l_t y_{nit}, \quad i = 1,2,\cdots,I \tag{4.8}$$

式(4.4)表示所有的客户订单都将在某一个作业周期的某一台包装机器上被组装。式（4.5）表示订单组装机器在一个作业周期会被使用当且仅当其在这一周期被开启。式（4.6）表示分配给每个作业周期的订单分拣和包装任务不超过当期开启的组装机器的总产能。式（4.7）表示分配给每个作业周期的订单组装任务不超过当期工人的工作能力总和。式（4.8）计算了每个订单的分拣包装的完成时间。

（3）订单配送计划约束：

$$\sum_{kh} z_{kih} = 1, \quad i = 1,2,\cdots,I \tag{4.9}$$

$$\sum_{i} z_{kih} \leqslant C, \quad k = 1,2,\cdots,K; h = 1,2,\cdots,H \tag{4.10}$$

$$\sum_{iu} z_{kih} w_u q_{iu} \leqslant W, \quad k=1,2,\cdots,K; h=1,2,\cdots,H \tag{4.11}$$

$$d_{kh}^e \geqslant \mathrm{Due} - \sum_{nij} c_{ij}^t z_{kijh}, \quad k=1,2,\cdots,K; h=1,2,\cdots,H \tag{4.12}$$

$$d_i = \sum_{kh} d_{kh} z_{kih}, \quad i=1,2,\cdots,I \tag{4.13}$$

$$c_i \leqslant d_i, \quad i=1,2,\cdots,I \tag{4.14}$$

$$z_{kih} = \sum_j z_{kijh}, \quad k=1,2,\cdots,K; i=1,2,\cdots,I; h=1,2,\cdots,H \tag{4.15}$$

$$z_{kih} = \sum_j z_{kjih}, \quad k=1,2,\cdots,K; i=1,2,\cdots,I; h=1,2,\cdots,H \tag{4.16}$$

$$\sum_i z_{ki0h} = 1, \quad k=1,2,\cdots,K; h=1,2,\cdots,H \tag{4.17}$$

$$\sum_i z_{k0ih} = 1, \quad k=1,2,\cdots,K; h=1,2,\cdots,H \tag{4.18}$$

$$\sum_{i,j\in S(\forall S\subset V, S\neq\varnothing)} z_{kijh} \leqslant |S|-1, \quad k=1,2,\cdots,K; h=1,2,\cdots,H \tag{4.19}$$

式（4.9）表示所有的订单都会由一个配送车辆的一个车次进行配送。式（4.10）表示分配给每个车辆的每个车次的订单数量不超过车辆容积限制。式（4.11）表示分配给每个车辆的每个车次的订单的重量不超过车辆载重量限制。式（4.12）表示所有的订单都会在配送截止时间之前配送给客户。式（4.13）给出了每个订单开始配送的时间。式（4.14）保证每个订单只有在被组装完成以后才会开始被配送。式（4.15）～式（4.19）给出了车辆路径问题约束。

（4）库存成本：

$$I_{u1} = \sum_{mr} x_{mur1}, \quad u=1,2,\cdots,U \tag{4.20}$$

$$I_{ut} = I_{ut-1} + \sum_{mr} x_{murt} - \sum_{nir} q_{iu} y_{nirt}, \quad u=1,2,\cdots,U; t=2,3,\cdots,T \tag{4.21}$$

式（4.20）和式（4.21）表示每种产品在每个作业周期末尾的库存量的计算方法。

（5）决策变量边界：

$$x_{murt} \in \{0,1\}, \quad m=1,2,\cdots,M; u=1,2,\cdots,U; r=1,2,\cdots,R; t=1,2,\cdots,T \tag{4.22}$$

$$x_{muvrt} \in \{0,1\}, \quad m=1,2,\cdots,M; u=1,2,\cdots,U; v=1,2,\cdots,U; r=1,2,\cdots,R; t=1,2,\cdots,T \tag{4.23}$$

$$y_{nit} \in \{0,1\}, \quad n=1,2,\cdots,N; i=1,2,\cdots,I; t=1,2,\cdots,T \tag{4.24}$$

$$y_{nt} \in \{0,1\}, \quad n=1,2,\cdots,N; t=1,2,\cdots,T \tag{4.25}$$

$$z_{kih} \in \{0,1\}, \quad k=1,2,\cdots,K; i=0,1,\cdots,I; h=1,2,\cdots,H \tag{4.26}$$

$$z_{kijh} \in \{0,1\}, \quad k=1,2,\cdots,K; i=0,1,\cdots,I; j=0,1,\cdots,I; h=1,2,\cdots,H \tag{4.27}$$

$$I_{ut} \geqslant 0, \quad u=1,2,\cdots,U; t=1,2,\cdots,T \tag{4.28}$$

$$c_i \geqslant 0, \quad i=1,2,\cdots,I \tag{4.29}$$

$$d_i \geqslant 0, \quad i=1,2,\cdots,I \tag{4.30}$$

$$d_{kh} \geqslant 0, \quad k=1,2,\cdots,K; h=1,2,\cdots,H \tag{4.31}$$

$$\alpha \geqslant 0 \tag{4.32}$$

$$\beta_t \geqslant 0, \quad t=1,2,\cdots,T \tag{4.33}$$

式（4.23）～式（4.33）给出了所有决策变量的边界。

以上对包含装配作业的生产-配送联合调度问题的数学模型进行了描述。本书模型与现有的生产-配送联合调度问题模型的区别在于：本书模型在生产阶段细化考虑到原材料的分包和订单组装这两部分，因此在式（4.14）、式（4.20）和式（4.21）描述了这两个阶段的承接性的约束，扩展了现有生产-配送调度问题和模型的边界。

■ 4.2　模型特征分析与求解思路

本书的生产-配送作业联合调度模型是一个确定性的整数规划模型，其中包含了平行机调度问题和车辆路径问题这两个经典 NP-hard 的组合优化问题。因此，对于实际规模的问题一般的求解算法很难在较短时间内得到比较好的可行解。当前，针对按单生产模式供应链中的生产-配送作业联合调度难题，加工配送中心在实际运营中一般采用拉式生产策略生成生产配送计划[148]。拉式生产策略是按单生产的加工配送中心生成日常作业计划时常用的调度手段，具体思路是：首先生成供应链中最后一个操作的作业计划，再将这一作业计划作为约束来生成前一个操作的作业计划，依次往前递推直到生成整体供应链中所有环节的作业计划。利用上述过程，可以将一个包含多作业联合调度问题分解为多个单作业调度问题并依次求解，从而有效地化简大规模的复杂生产-配送作业联合调度问题，同时也一定程度上实现信息传递提高各个环节作业的协同性。本书将这一调度策略称为序贯调度方法。

对于本书研究的包含装配作业的生产-配送作业联合调度问题，其对应的序贯调度方法流程如图 4.3 所示，即按照“订单配送计划—订单包装计划—最小销售单元生产计划”这一顺序进行决策。具体而言，首先，订单配送车间在保证截止时间之前完成配送的前提下，以最小化配送成本为目标，决策车辆路径和发车时间；其次，订单组装车间根据订单配送计划，以最小化订单组装成本和订单的库存成本为目标，对车间人工数量、机器数量和订单包装的顺序进行决策；最后，最小销售单元生产车间根据订单组装车间的作业计划，以最小化生产成本和在制品库存成本为目标，进行生产计划决策。为了方便，本书后文将以生产问题、组装问题和配送问题分别指代上述三个车间的作业计划问题。

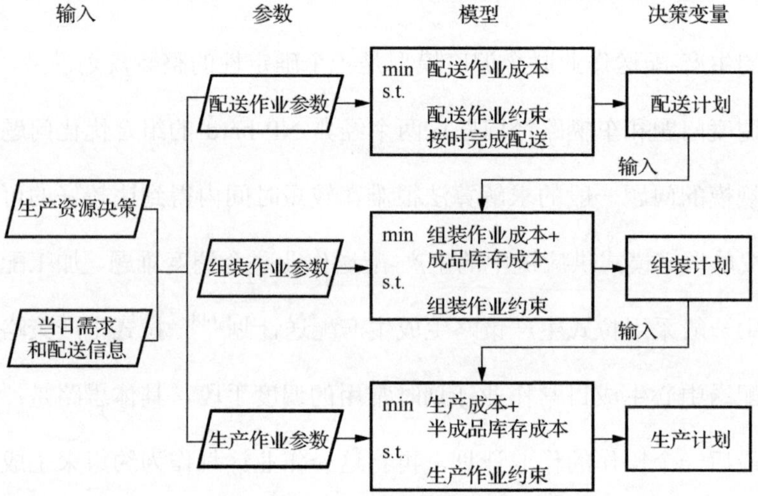

图 4.3 包含装配作业的生产-配送作业序贯调度方法框架

如前文所述，序贯调度方法可以在一定程度上实现生产配送协同，减小加工配送中心日常运营总成本和总体作业时间。但是，与直接求解联合调度模型相比，其求解得到的决策效果依然较差。这是因为在序贯调度方法中，不同问题之间的解的信息只进行了一次传递，协同效果有限。此外，当问题规模扩大时，生产和配送这两个 NP-hard 问题的求解也会是序贯调度方法的瓶颈。基于上述分析，本书利用迭代方法弥补序贯调度方法中解的信息传递的不足，并且根据生产和配送问题的特征分别提出相应的启发式算法，以提高求解效率。

4.3　基于序贯调度的迭代启发式算法

为了求解生产-配送作业联合调度问题，本书提出基于序贯调度的迭代启发式算法。其主要思路是：通过迭代序贯调度方法来求解原问题，减小求解规模并提高解的质量，通过加入局部搜索策略，提高求解效率。针对生产和配送作业调度这两个复杂的组合优化问题分别提出基于订单分组的启发式算法，以减轻在迭代过程中上述两个问题的求解负担，进一步提高求解效率。

本书的基于序贯调度的迭代启发式算法流程如图 4.4 所示，其主要步骤如下：①构建一个原问题的初始解$\left(X_0,Y_0,Z_0\right)$，分别对应生产、组装和配送问题的初始解，令其为当前解，并代入式（4.1）计算其对应的值作为当前解的目标函数值；②在主算法的第 k 次迭代中，根据配送问题邻居解结构生成当前配送问题解 Z_k 对应的邻居解，据此生成当前解$\left(X_k,Y_k,Z_k\right)$对应的邻居解；③计算上述邻居解对应的目标函数值，若比当前解的目标函数值更小，则用这一邻居解替换当前解（由于邻居解的生成过程具有随机性，在一些循环中可能无法找到更好的解，此时保持当前解不变，主算法进入下一个循环，重新生成邻居解）；④上述迭代过程将在达到预先给定的迭代次数或者预先给定的求解时间上限时停止，并返回当前解作为问题的最终解。

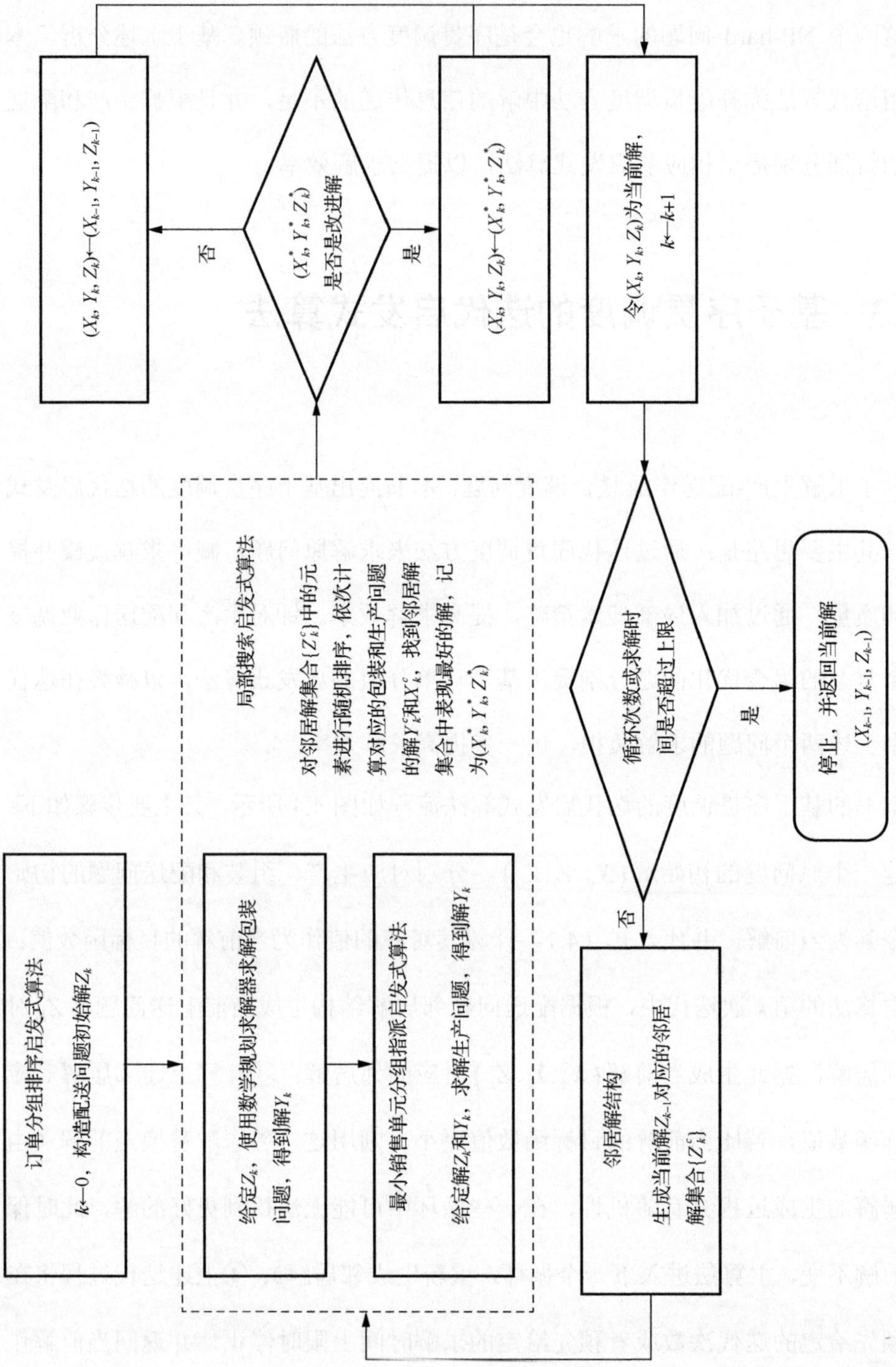

图 4.4 基于序贯调度的迭代启发式算法框架图

根据图4.4，本书提出的基于序贯调度的迭代启发式算法由以下四个重要组成部分：配送问题初始解的订单分组排序启发式算法；用于求解生产问题的最小销售单元分组指派启发式算法；用于生成配送问题邻居解的邻居解结构；用于提高整体求解效果的局部搜索启发式算法。这里，以 X_k、Y_k 和 Z_k 来表示算法在第 k 次迭代中生产、组装和配送问题所对应的解。下面将对上述算法步骤进行详细描述。

（1）订单分组排序启发式算法。

为了生成配送问题的初始解，本书设计了订单分组排序启发式算法，其主要思路是通过将订单分组来将原来的车辆路径问题转化为旅行商问题和任务排序问题以降低求解难度。首先，为了生成订单组 $\{R_1, R_2, \cdots\}$，根据客户需求和客户的地理距离生成订单 i 与订单组 R_b 的相似度 S_{ib}，具体计算公式如下：

$$S_{ib} = \frac{1}{2|U||R_b|} \sum_{u \in \{1,2,\cdots,U\}, j \in R_b} |q_{iu} - q_{ju}| + \frac{1}{2|R_b|} \sum_{j \in R_b} c_{ij}^m \tag{4.34}$$

式中，c_{i0}^m 为客户 i 到加工配送中心的距离；c_{ij}^m 为客户 i 到客户 j 的距离；q_{iu} 为客户 i 对产品 u 的需求量。此后，根据上述相似度，将相似度最大的订单加入到订单组内。在每次添加新的订单以后，求解新生成的订单组对应的旅行商问题以生成配送路径，并检验订单组送达时间 $T(R_b)$ 是否满足订单配送截止时间约束，检验订单数量 $C(R_b)$ 和重量 $W(R_b)$ 是否满足车辆的容积和载重约束，若上述约束都被满足，则向这一订单组继续添加新的订单，否则删除最后加入的订单、返回当前订单组并重新开始生成下一订单组。为了提高求解效率，本书在订单分组排序启发式算法中嵌入子路径消除算法[149]。因此，当求解了所有订单组对应的旅行商问题，则相当于求解了原配送问题的车辆路径问题，可以获得一个初始的配送计划。算法 4.1 给出了订单分组排序启发式算法的流程。

算法 4.1　订单分组排序启发式算法流程

$b \leftarrow 1, R_b \leftarrow \varnothing$

while $\{1,2,\cdots,O\} \neq \bigcup R_b$ **do**

　根据 c_{i0}^m 对未被分组的订单 $i \in \{1,2,\cdots,O\} \setminus \bigcup R_b$ 进行非升排序，生成 $\pi = \{i_{\pi(1)}, i_{\pi(2)}, \cdots, i_{\pi(|\{1,2,\cdots,O\} \setminus \bigcup R_b|)}\}$

　　$q \leftarrow 1, R_b \leftarrow \{i_{\pi(q)}\}$

　　根据 S_{ib} 对未被分组的订单 $i \in \{1,2,\cdots,O\} \setminus \bigcup R_b$ 进行非升排序，生成 $\sigma = \{i_{\sigma(1)}, i_{\sigma(2)}, \cdots, i_{\sigma(|\{1,2,\cdots,O\} \setminus \bigcup R_b|)}\}$

　　for $i \in \sigma$ **do**

　　　if $T(R_b) \leqslant \text{Due}, C(R_b) \leqslant C, W(R_b) \leqslant Q$ **then**

　　　　$R_b \leftarrow R_b \bigcup \{i_{\sigma(q)}\}, q \leftarrow q+1$

　　　else

　　　　$r_b = \text{TSP}(R_b), b \leftarrow b+1, R_b \leftarrow \varnothing$；**break**

end while

return $r_1, r_2, \cdots, r_b$

（2）最小销售单元分组指派启发式算法。

为了提高生产问题的求解效率，本书提出了最小销售单元分组指派启发式算法，其主要思路是根据作业周期将生产问题分解为 S 个子问题，而在每个子问题中根据最小销售单元的生产模式将生产任务进行分组，按照启发式规则分配给每个作业机器。需要说明的是，序贯调度方法在进行生产问题决策时，订单包装和配送计划都已确定，即每个作业周期订单组装车间需要用到的最小销售单元数量已知，据此可以将生产问题分解为 S 个子问题，这样不仅可以减小生产问题的计算负担，同时可以有效地控制最小销售单元的库存成本。

下面详述上述子问题的启发式规则，对算法参数进行说明。为了简明，这里省略子问题的下脚标。J 表示由同一类产品最小销售单元组成的作业集合，对于作业 $j \in J$，用 $Q(j)$ 和 $P(j)$ 表示对应的最小销售单元数量和作业时间，s_{ij} 表示机器从进行作业 i 到作业 j 的转换成本。S_m 和 T_m 表示当前 $m \in M$ 可生产的最小单元数量和可用生产时间，R 表示一个作业周期内的机器产能限制，T 表示一个作业周期的时间长度。这里，一个作业可以被分割为更小的作业以适应机器的产能和时间限制。在指派过程中，j_m^* 表示最近一个分配到机器 m 上的作业，当作业 J 为分配到机器 m 上的第一个作业时，令 $s_{ji} = 0, \forall i \in J$。具体最小销售单元分组指派启发式算法见算法 4.2。

算法 4.2　最小销售单元分组指派启发式算法流程

$S_m \leftarrow R, T_m \leftarrow T$

while $J \neq \varnothing$ **do**

将作业 $j \in J$ 按照作业时间 $P(j)$ 进行非升排序，生成 $\varpi = \{j_{\varpi(1)}, j_{\varpi(2)}, \cdots, j_{\varpi(|J|)}\}$

将机器 $m \in M$ 按照机器可生产最小销售单元数量 S_m 进行非升排序，生成 $\gamma = \{m_{\gamma(1)}, m_{\gamma(2)}, \cdots, m_{\gamma(|M|)}\}$

if $Q(j_{\varpi(1)}) \leqslant S_{\gamma(1)}, P(j_{\varpi(1)}) + s_{j^*_{\gamma(1)} j_{\varpi(1)}} \leqslant T_{\gamma(1)}$

6：将作业 $j_{\varpi(1)}$ 分配到机器 $\gamma(1)$ 下的第 $Q(j_{\varpi(1)})$ 个作业中；令 $J \leftarrow J \backslash \{j_{\varpi(1)}\}$，

$S_{\gamma(1)} \leftarrow S_{\gamma(1)} - Q(j_{\varpi(1)})$，$T_{\gamma(1)} \leftarrow T_{\gamma(1)} - P(j_{\varpi(1)}) - s_{j_{\gamma(1)} j_{\varpi(1)}}$

7：**else**

8：根据机器当前可用工作时间 $S_{\gamma(1)}$ 将作业 $j_{\varpi(1)}$ 分解为 $j_{\varpi(1)}^1$ 和 $j_{\varpi(1)}^2$ 两个部分，满足

$Q(j_{\varpi(1)}^1) = \min((T_{\gamma(1)} - s_{j_{\gamma(1)} j_{\varpi(1)}}) / P(j_{\varpi(1)}), S_{\gamma(1)})$，$Q(j_{\varpi(1)}^2) = Q(j_{\varpi(1)}) - Q(j_{\varpi(1)}^1)$，此后令

$J \leftarrow J \bigcup \{j_{\varpi(1)}^2\} \backslash \{j_{\varpi(1)}^1\}$，$S_{\gamma(1)} \leftarrow 0$，$T_{\gamma(1)} \leftarrow 0$

9：**end while**

10：**return** 最小销售单元分组和分配结果

（3）邻居解结构。

本书的邻居解结构是用于构建配送问题当前解的邻居解，用以找到表现更好的解，是局部搜索算法的基础。这里使用车辆路径问题文献[106-107]中常见的两种邻居解结构，订单交换和点交换。在订单交换操作中，选择一对路径（订单组），交换其中一定比例的订单，并通过求解新订单组的对应的旅行商问题得到新的配送问题的解。本书考虑三种订单交换比例——30%、50%和 80%，分别命名为 OE-3、OE-5 和 OE-8。在点交换操作中，选择一条或者多条路径中的几个客户点，通过进行路径内部和路径间的点交换生成新的配送问题的解。根据问题假设，本书的生产-配送作业联合调度问题是将一个社区作为一个客户点，将属于同一个社区的客户需求作为一个订单。本书在路径内部和路径间交换操作中，分别使用三类交换类型——交换、位移和 2-opt，得到六种不同的邻居解结构如图 4.5 所示（DC 表示加工配送中心）。

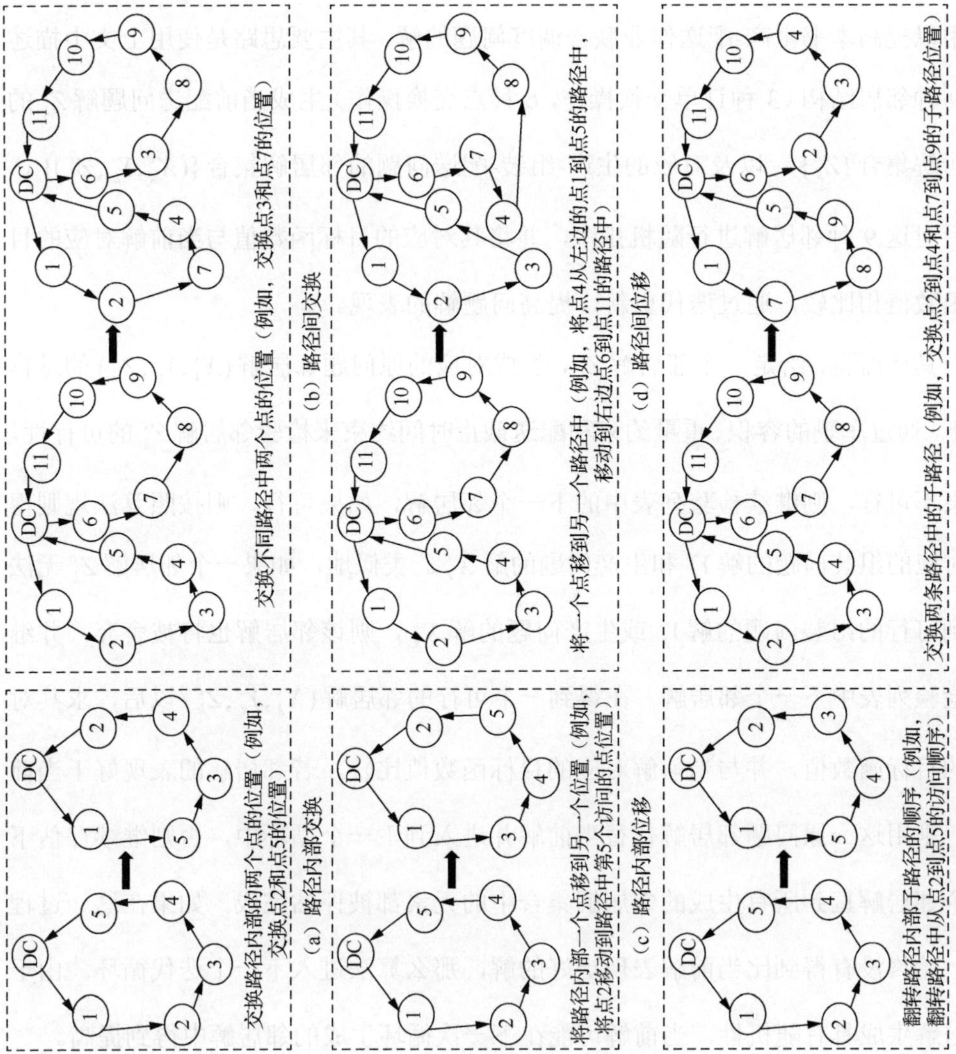
交换路径内部的两个点的位置（例如，交换点2和点5的位置）
（a）路径内部交换
交换不同路径中两个点的位置（例如，交换点3和点7的位置）
（b）路径间交换
将路径内部一个点移到另一个位置（例如，将点2移动到路径中第5个访问的点位置）
（c）路径内部位移
将一个点移到另一个路径中（例如，将点4从左边的点1到点5的路径中，移动到右边点6到点11的路径中）
（d）路径间位移
翻转路径内部子路径的顺序（例如，翻转路径中从点2到点5的访问顺序）
（e）路径内部2-opt
交换两条路径中的子路径（例如，交换点2到点4和点7到点9的子路径位置）
（f）路径间2-opt

图 4.5 点交换操作例子

（4）局部搜索启发式算法。

局部搜索启发式算法的核心是局部搜索策略，本书采用贪婪式的局部搜索策略用以提高本书生产-配送作业联合调度问题的解，其主要思路是使用上文中描述的9种邻居结构（3种订单交换操作，6种点交换操作）生成当前配送问题解Z_k的邻居解集合$\{Z_k^c\}$，以及对应的生产-组装-配送问题的邻居解集合$\{(X_k^c,Y_k^c,Z_k^c)\}$，此后对这9种邻居解进行随机排序，并将其对应的目标函数值与当前解对应的目标函数值相比较，通过迭代更新，提高问题解的表现。

具体而言，给定一个邻居解Z_k^c，生成对应的原问题邻居解(X_k^c,Y_k^c,Z_k^c)的过程如下。通过车辆的容积、重量约束和配送截止时间约束来检验邻居解Z_k^c的可行性，如果不可行，则继续检验列表中的下一个邻居解，如果可行，则按照算法规则得到对应的组装问题的解Y_k^c和生产问题的解X_k^c。类似地，如果一个邻居解Z_k^c无法得到可行的组装问题的解Y_k^c或生产问题的解X_k^c，则该邻居解也将被舍弃，并继续检验列表中下一个邻居解。在得到一个可行的邻居解(X_k^c,Y_k^c,Z_k^c)以后，求其对应的目标函数值，并与当前解对应的目标函数值比较，若邻居解的表现好于当前解，则用这一原问题邻居解代替当前解并进入到下一个循环中，否则继续评估下一个邻居解直到所有生成的邻居解集合中的元素都被评估完成。如果在这一过程中，始终没有得到比当前解表现更好的解，那么算法进入下一个迭代循环。由于邻居解生成具有随机性，当前解可能在下一次循环生成的邻居解中得到提高。

以上，本书描述了按单生产加工配送中心日常运营调度实践中常用的序贯调度方法，在此基础之上，针对包含装配作业的生产-配送作业联合调度问题的特点和难点，提出了基于序贯调度的迭代启发式算法。

4.4 本章小结

本章针对按单生产模式下生产配送作业计划决策问题，构建了一种包含装配作业的生产-配送作业联合调度方法，描述了按单生产的加工配送中心中订单生产-组装-配送的日常作业过程，提出了包含装配作业的生产-配送作业联合调度问题，建立了相应的模型，开发了基于序贯调度的迭代启发式算法，给出算法结构并具体说明了针对生产和配送这两个复杂的组合优化问题的启发式算法原理和步骤。

5 基于某生鲜蔬果“农-宅”在线零售企业的应用研究

本章将结合北京市某生鲜蔬果在线零售企业加工配送中心的实际案例和北京市内的实际交通数据，通过数据实验验证本书提出的决策优化方法的有效性。本章首先对应用问题进行描述和抽象，其次对本书提出的生产-配送联合决策二阶段优化方法进行验证，最后结合数据实验结果为相关企业提供管理启示和决策建议。

5.1 应用问题描述及算例参数设置

本章应用案例来源于国家自然科学基金重大项目“新兴电子商务重大基础问题与关键技术研究”子课题 3“面向服务的商务智能与知识管理方法研究”中的示范工程建设——有机蔬果直销的“农-宅”对接的移动商务平台。项目与北京市某生鲜蔬果“农-宅”在线零售企业合作，利用移动商务技术，设计并实现了生鲜蔬果直接从农场到家庭的电子商务模式，同时建立社区蔬果智能配送柜，实现了产品的异步签收，解决了生鲜蔬果在线直销的“最后一公里”配送难题。该公司采用“农-宅”直销模式，每天根据客户需求向签约农民收购蔬果，并根据客户订单生产、包装和配送生鲜农产品。上述“农-宅”在线零售企业的电子商务模式框架如图 5.1 所示。加工配送中心位于廊坊郊区，靠近签约的蔬果基地，服务于北京市区客户。

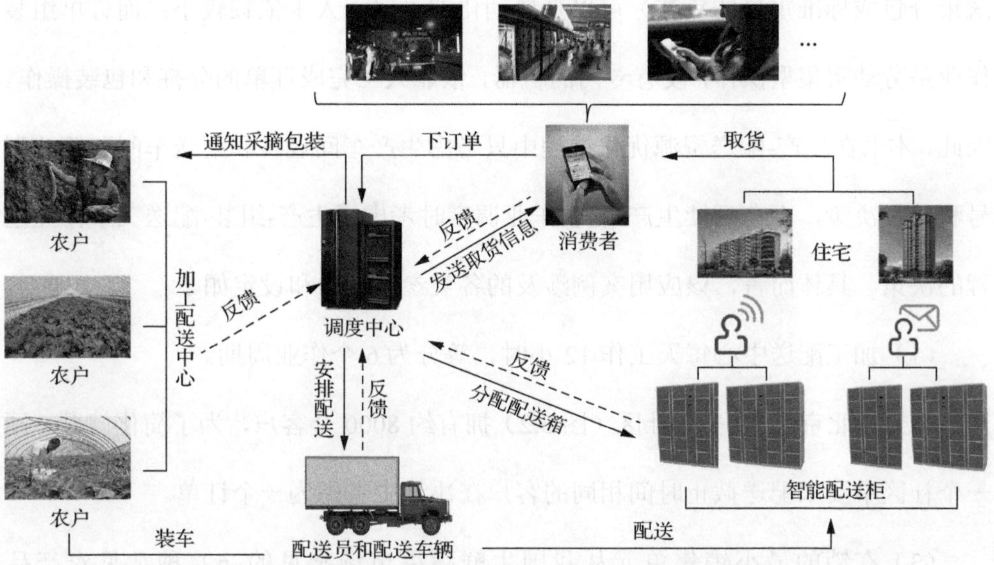

图 5.1 生鲜蔬果“农-宅”在线零售企业的电子商务模式框架

但是，在后续的运营过程中，受雾霾导致的车辆限行措施和交通拥堵、客户需求和要求的配送截止时间不确定等因素的影响，加工配送中心往往难以按时完成配送任务，库存不断增加，日常运营成本急剧升高。为解决这一难题，考虑车辆限行和交通拥堵造成的配送参数不确定，加工配送中心拟采购一批新能源车辆，以日均采购成本和日常生产配送运营成本期望最小为优化目标，对生产设备和配送车队车辆的种类和数量进行决策。此外，在日常运营中，也需要根据每日的客户订单，及时有效地生成作业计划，实现日常生产配送的协同作业，以减少实际日常作业中的中间库存和运营成本。综上所述，根据加工配送中心的实际需求，决策者首先需要对不同型号的生产设备和配送车辆的数量进行决策，其次在后续实际日常运营调度中则需要根据现有资源生成生产-配送作业计划决策。需要特别说明的是，由于生鲜蔬果产品的特殊性，当前加工配送中心的生产作业（将生鲜蔬果分包成标准重量的包装）可以是自动化的，对于人工依赖较小；而订单组装作业是劳动密集型操作，没有专门的机器，依靠人工完成订单的分拣和包装操作。因此，本书在生产-配送资源优化过程中只考虑生产车间设备和配送车间车辆的型号和数量决策，而在后续生产-配送作业调度时考虑了生产-组装-配送三个作业过程的决策。具体而言，该应用案例涉及的各类参数说明和设定如下。

（1）加工配送中心每天工作 12 小时，等分为 6 个作业周期。

（2）在北京市 30 多个社区（图 5.2）拥有约 8000 个客户，为了简化问题，同一个社区中要求配送截止时间相同的客户在决策中考虑为一个订单。

（3）在销的最小销售单元从我国生鲜蔬果市场常见的 62 种常见农产品（表 A.1）以同等概率随机选取，产品对应的生产参数具体见表 A.2 和表 A.3。

（4）给定的生产设备和配送车辆采购预算 4000000 元，其中新型号生产设备采购单价为 80000 元，旧型号生产设备采购单价为 50000 元，新能源车辆单价为 200000 元，传统能源车辆单价为 100000 元，新能源车辆采购补贴为 40000 元，以上各型号设备和车辆对应的日均（5 年）成本分别为 20 元、40 元、80 元和 40 元，新能源车辆的日均补贴为 30 元。

（5）根据观察，客户订单（一个社区中要求配送截止时间相同的客户视为一个订单）每种产品的需求量 q_{iu}^{s} 独立服从于平均分布 $U(30,100)$（单位：标准份），并且相互独立，客户要求配送截止时间（自当日生产开始以后的绝对时间）w_{i}^{s} 独立服从平均分布 $U(180,720)$（单位：min），并且相互独立。

（6）为了生成配送参数，本书采用 Monte Carlo 抽样方法，对采集到的实际数据进行抽样，用以模拟早晚高峰和交通拥堵造成的配送时间波动，在此基础上加入车辆限行措施，以生成不同时段单双号传统能源车辆和新能源车辆的完成每一个订单的配送时间 t_{vit}^{s}，而相应的配送费用成本 c_{vit}^{s} 与配送时间 t_{vit}^{s} 成正比。

以上给出了本书应用研究问题描述和基本参数设置，下一节将进行数值实验，对算法和模型的有效性进行验证，同时提出相应的管理启示。

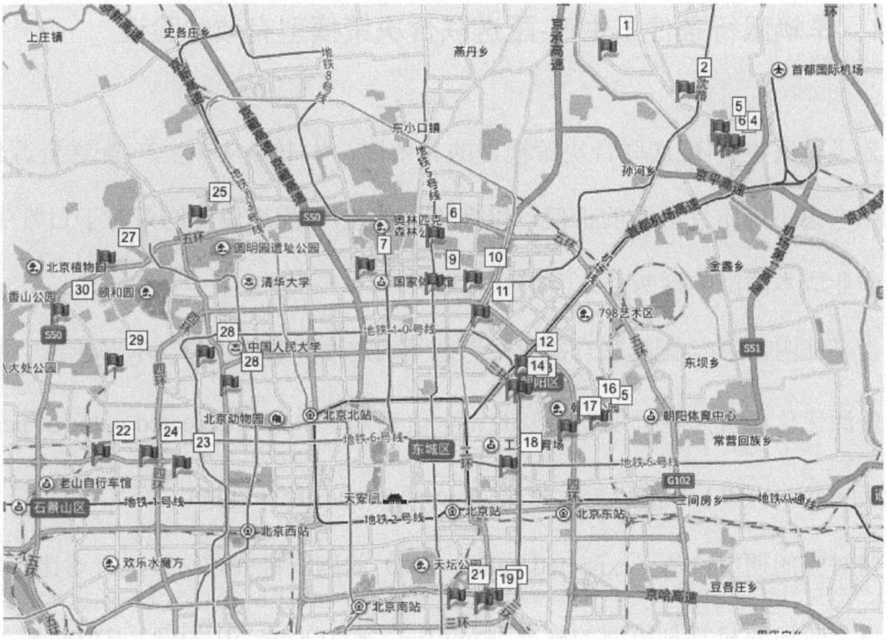

图 5.2 生鲜蔬果“农-宅”网上直销客户社区分布图

5.2 方法验证

这一节主要是将本书提出的生产-配送联合决策的二阶段优化方法，应用于解决上述生鲜蔬果“农-宅”在线零售企业加工配送中心的实际问题，以验证本书提出的决策方法的有效性。具体而言，下面将分别从模型和模型的有效性两个方面进行验证。本书中的求解算法都是基于 Python 2.7 语言与商业数学规划求解软件 Gurobi 6.0.5 实现的，并在配置为 Intel Xeon E3-1231v3 处理器、主频 3.40GHz、内存 24GB 的计算机上进行实验。

5.2.1 车辆限行条件下生产-配送联合决策模型有效性验证

为了验证生产-配送联合决策模型的有效性，本书拟从在生产-配送资源优化问题中考虑不确定性因素的价值，以及不同的生产-配送资源约束对于日常生产-配送作业成本的影响这两个方面进行验证。

为了证明在生产-配送联合决策中考虑不确定性因素的价值，本书计算了生产-配送资源优化二阶段随机规划模型的完全信息期望价值（expected value of perfect information，EVPI）和随机解价值（value of stochastic solution，VSS）[9]，并求解原问题对应的期望价值（expected value，EV）问题，将上述结果进行对比。本书继续以二阶段随机规划模型的标准型 $\min_{x\in X}\{cx+\mathbb{E}_{\Xi}[Q(x,\xi^s)]\}$ 为例，EVPI 和 VSS 的计算公式如式（5.1）～式（5.4）。

$$\mathrm{EVPI}=\min_{x\in X}\{cx+\mathbb{E}_{\Xi}[Q(x,\xi^s)]\}-\mathbb{E}_{\Xi}[\min_{x\in X}\{cx+Q(x,\xi^s)\}] \tag{5.1}$$

$$\mathrm{VSS}=cx^*(\tilde{\xi})+\mathbb{E}_{\Xi}[Q(x^*(\tilde{\xi}),\xi^s)]-\min_{x\in X}\{cx+\mathbb{E}_{\Xi}[Q(x,\xi^s)]\} \tag{5.2}$$

$$EV=\min_{x\in X}\{cx+Q(x,\mathbb{E}_{\Xi}[\xi^s])\} \tag{5.3}$$

$$x^*(\tilde{\xi})=\arg\min_{x\in X}\{cx+Q(x,\mathbb{E}_{\Xi}[\xi^s])\} \tag{5.4}$$

此外，为了消除不同算例规模对比较结果的影响，方便后续比较，本书引用完全信息期望价值的百分比 EVPI%和随机解价值的百分比 VSS%这两个指标，来评估本书随机规划模型的有效性，具体计算方法如式（5.5）和式（5.6）。

$$\mathrm{EVPI\%}=\mathrm{EVPI}/\mathbb{E}_{\Xi}[\min_{x\in X}\{cx+Q(x,\xi^s)\}] \tag{5.5}$$

$$\mathrm{VSS\%}=\mathrm{VSS}/\min_{x\in X}\{cx+\mathbb{E}_{\Xi}[Q(x,\xi^s)]\} \tag{5.6}$$

以下为了评估在生产-配送资源优化决策中考虑随机因素的价值，本书利用商业数学规划求解软件 Gurobi 求解原问题，并计算相应的 EVPI%和 VSS%。算例具体设置如下：客户数量 $I=20$，情景数量 $S=10,20$，情景中执行限行措施概率为 $\alpha=0.2,0.4$，限行措施类型 $\mathrm{RS}=2,5$（即白天时段所有路段限制单双号传统能源车辆上路行驶和白天时段市区路段限制单双号传统能源车辆上路行驶）。表 5.1 是对本书提出的生产-配送资源优化二阶段随机规划方法的有效性验证，表中计算了上述算例的 EVPI%和 VSS%，并且比较了原问题（RP）与期望值问题（EV）对应的资源配置决策 PD（旧型号设备数量，新型号设备数量，新能源车辆数量，单号传统能源车辆数量，双号传统能源车辆数量）。

表 5.1 生产-配送资源优化的二阶段随机规划模型有效性验证

算例	(α,RS,S)	EVPI%	VSS%	PD_RP	PD_EV
1	(0.2,2,10)	6.1%	21.0%	(0,2,1,0,0)	(0,2,4,0,0)
2	(0.2,2,20)	6.0%	19.5%	(2,1,1,0,0)	(1,2,3,0,0)
3	(0.2,5,10)	4.7%	25.5%	(2,1,1,0,0)	(0,2,3,0,0)
4	(0.2,5,20)	3.2%	30.0%	(0,2,1,0,0)	(0,2,3,0,0)
5	(0.4,2,10)	11.1%	18.0%	(1,2,1,0,0)	(0,2,4,0,0)
6	(0.4,2,20)	7.3%	26.1%	(2,1,1,0,0)	(1,2,3,0,0)
7	(0.4,5,10)	2.4%	32.3%	(0,2,1,0,0)	(0,2,3,0,0)
8	(0.4,5,20)	4.0%	26.6%	(1,1,1,0,0)	(0,2,3,0,0)
9	(0.6,2,10)	7.3%	22.0%	(0,1,2,0,0)	(0,2,4,0,0)
10	(0.6,2,20)	3.0%	22.0%	(1,2,1,0,0)	(1,2,3,0,0)
11	(0.6,5,10)	1.9%	16.5%	(1,1,1,0,0)	(0,2,3,0,0)
12	(0.6,5,20)	1.0%	27.8%	(0,2,1,0,0)	(1,2,3,0,0)

实验结果表明，本书的二阶段随机规划模型可以有效地降低系统中客户需求和配送参数不确定给生产配送资源配置带来的冗余，减小生产设备和配送车辆的日均采购成本和生产配送作业的期望成本。具体而言，在上述算例中随机规划模型的 EVPI%在 1%以上，最高达到 11.1%，因此在决策时考虑客户需求和配送参数的随机性具有重要意义。随机规划模型的 VSS%在 16.5%以上，最高达 32.3%，因此相对于求解原问题期望值问题，建立和求解随机规划模型可以有效地节约日均采购成本和生产配送作业期望成本，提高生产设备和配送车辆配置方案质量。最后，表 5.1 的最后两列还比较了求解原问题和期望值问题得到的设备和车辆的采购决策。结果表明，通过随机规划方法得到的生产-配送资源优化决策可以在

不增加日常运营成本的情况下，减少至少一半企业需要采购的设备和车辆的数量。

结合运营层的生产-配送作业联合调度决策问题，本书探讨了不同的生产和配送资源约束对于生产-配送日常作业成本的影响。为了简化计算，这一实验中假设所有车型的完成每一个配送任务的时间和成本都一样，暂不考虑车型的差异和车辆限行对于不同车型配送作业的影响。在不同的车队车辆数量（FS）和载重限制（WC）下，利用本书开发的基于序贯调度的迭代启发式算法，求解设置为客户数量$I=150$、最小销售单元种类$M=20$、订单包含最小销售单元数量服从正态分布$N(15,2)$的算例，生成的生产-配送作业计划见表 5.2。表 5.2 还比较了不同资源配置下的日常作业成本，包括组装作业成本（PC）、配送作业成本（RC）、订单库存成本（OH）以及作业总成本（TC）。此外，表 5.2 中还给出了不同车队车辆配置下，为了完成作业计划所需要的生产设备（MM）、组装设备（PM，这里指的是组装工作台的数量）和总配送车次（DT）。由于最小销售单元的生产成本和最小销售单元库存成本在不同车队车辆配置下相对稳定，因此表 5.2 省略这两项。

表 5.2 不同车队车辆配置下日常生产-配送作业计划

算例	(FS, WC)	PC/元	RC/元	OH/元	TC/元	MM/台	PM/台	DT/次
1	(5,300)	1004	1825	1429	5356	19	2	17.2
2	(6,300)	951	1728	204	4041	19	2	17.2
3	(7,300)	989	1810	80	3984	20	3	17.2
4	(8,300)	974	1768	73	3920	19	3	17.2
5	(9,300)	974	1640	0	3719	18	2	17.2
6	(10,300)	943	1673	0	3721	18	2	17.2
7	(8,200)	974	2023	100	4210	19	3	20.2

续表

算例	(FS, WC)	PC/元	RC/元	OH/元	TC/元	MM/台	PM/台	DT/次
8	(8,300)	974	1768	73	3920	20	3	17.2
9	(8,400)	974	1708	58	3845	19	3	17.0
10	(8,500)	963	1746	64	3878	19	2	16.8
11	(8,600)	974	1746	181	3910	20	2	16.8

表 5.2 的前六个例子（算例 1～6）比较了不同的车队车辆数量下，最优生产配送作业对应的各项成本。从实验结果可以看出，订单的库存成本和总运营成本随着车队车辆数量增加而急剧降低，但当车辆数量增大到一定的数量以后，成本的下降趋势明显减慢。这是因为当车辆的数量足够多时，组装好的订单可以马上配送，此时再增加配送车辆，无法继续减小订单库存成本。根据表 5.2，在本书的案例中，为最小化作业总成本，9 辆车是最佳的车队规模。此外，车队车辆数量对于生产机器和包装机器的数量也是有影响的。例如，在算例 1～6 中，当车队车辆数量为 7 辆或者 8 辆时，需要的生产机器和包装机器最多。这是因为增加配送车辆数量会缩短订单配送的发车间隔，进而增大生产和组装车间的作业压力，需要更大的产能。而随着配送车辆数量的增加，配送作业准时性的压力会不断减小，因此在之前生产和配送的作业压力会减小，所需产能反而会下降。

表 5.2 的后五个例子（算例 7～11）比较了不同的车辆载重限制下，最优生产配送作业对应的各项成本。从实验结果可以看出，算例 7～9 的订单库存成本和总成本随着车辆载重量的增加而降低，同时配送车次也相对减少。但随着载重量的不断增大，订单的库存成本增加而配送成本略微降低。这是因为车辆载重量的增加会增加车辆的配送能力，使得每个车次的车辆配送时间和配送客户的数量增加。因此，在生产和组装能力不变的情况下，客户订单的存储时间会相对变长，造成

库存成本增加。

综上所述，车队车辆的合理配置对于减小日常生产-配送作业的成本非常重要。对于需要减小半成品（最小销售单元）和成品（订单）库存成本的企业，可以根据其客户规模（如每天需要生产和配送的订单数量）适当地增加车队车辆数量或购买载重量更大的车辆，并合理地配置生产机器数量，从而提高生产和配送过程的协同性、帮助企业有效降低库存成本。

以上，从结果上证明了从资源优化和作业调度两个阶段考虑生产-配送联合决策的必要性，验证了本书二阶段优化方法在求解联合决策问题上的有效性，以及随机规划模型在解决不确定环境下资源优化问题上的有效性。下面将结合应用研究算例对本书提出的求解算法的表现进行分析。

5.2.2 改进的随机分支定界算法表现分析

为了验证本书随机分支定界算法的表现，本书进行了以下三个数据实验：首先，为了验证随机分支定界算法的有效性，比较用 Gurobi（G）算法和嵌入局部搜索的随机分支定界（stochastic brach-and-bound with local search，SBB-L）算法求解原问题对应的等价确定性问题（deterministic equivalent problem，DEP）得到的解；其次，为了确定随机分支定界算法中的情景分组参数，比较了不同分组数量 k 和分组策略（相似性分组和相异性分组）对于问题上界的估计效果；最后，为了验证本书提出的改进算法的有效性，本书比较了 SBB-L 与加入局部搜索和情景分组策略的随机分支定界（stochastic brach-and-bound with local search and scenario grouping，SBB-LG）算法求解相同算例的结果。下面将对上述三个数据实验结果分别进行详细说明。

表 5.3 比较了 SBB-L 算法与 G 算法求解算例的结果。其中算例参数设置为：客户数量 $I=20$，情景数量 $S=10,20,50,100$，情景中执行限行措施概率为 $\alpha=0.4$，限行措施类型 RS = 2,5（即白天时段所有路段限制单双号传统能源车辆上路行驶和白天时段市区路段限制单双号传统能源车辆上路行驶）。经过试运算，上述算例对应的 DEP 可以用 G 算法在 1000s 内求解，因此将 SBB-L 算法求解时间上限规定为 1000s，在所得解与问题下界 Gap 在 0.1%时停止。表 5.3 中，TC（单位：元）表示所得解对应的目标函数值，PRC（单位：10000 元）表示采购成本，OPC（单位：元）表示日均生产成本，GapLB（单位：%）表示 SBB-L 算法求得的解与 G 算法估计得到 DEP 问题下界的差距，GapDEP（单位：%）表示 SBB-L 算法求得的解与 G 算法直接 DEP 得到的解的差距。

表 5.3　SBB-L 算法与 G 算法求解结果比较

算例	(S, RS)	G			SBB-L				
		TC/元	PRC/万元	OPC/元	TC/元	PRC/万元	OPC/元	GapLB/%	GapDEP/%
1	(10,2)	495	27	412	499	27	414	1.01	0.83
2	(20,2)	483	27	401	488	27	403	1.10	1.09
3	(50,2)	484	27	399	490	27	405	1.49	1.16
4	(100,2)	486	27	401	491	27	406	1.78	1.13
5	(10,5)	487	27	405	492	27	407	0.92	0.89
6	(20,5)	495	27	406	500	27	415	1.59	1.17
7	(50,5)	487	27	405	492	27	407	1.42	1.10
8	(100,5)	488	27	401	493	27	408	1.80	1.07

由表 5.3 可知，在给定时间内，SBB-L 算法可以有效地求解算例中的二阶段随机规划模型，且其所求得的解的目标函数值与 G 算法求 DEP 得到最优值差距

在1.17%以内，与G算法估计的DEP下界差距在1.80%以内。在采购决策上，SBB-L算法与G算法求解DEP所得的设备车辆采购成本一致。而在总成本上，SBB-L算法求解所得的成本期望略高于日常作业成本，差距仅在1.17%之下。所以，本书提出的SBB-L算法可以有效地求解小规模算例中的二阶段随机规划问题。

接下来，将情景分组策略加入G算法，求解上述算例中不同情景数量下的算例，比较不同分组策略和分组数量对于下界估计效果和效率的影响，用以分析算法参数。表5.4比较了在G算法加入按相似性分组（SL）和相异性分组（DSL）策略，在不同的分组数量（*N*）下，与用G算法直接求解算例得到的目标函数值（*C*）和求解时间（*T*）之间的差距，分别用SL-C、DSL-C、SL-T和DSL-T表示。

表5.4 不同分组策略和分组数量下的求解计算结果

(RS, *S*, *N*)	SL-C/‰	SL-T/%	DSL-C/‰	DSL-T/%
(2,100,10)	3.47	−59	4.05	37
(2,100,11)	3.42	23	1.74	28
(2,100,12)	4.60	−19	0.59	39
(2,100,13)	4.02	−166	2.22	37
(2,100,14)	4.20	−161	3.68	38
(2,100,15)	4.52	−70	4.70	11
(2,100,16)	3.92	35	3.36	48
(2,100,17)	4.91	49	3.69	37
(2,100,18)	4.92	−37	4.61	49
(2,100,19)	5.25	−164	4.93	41
(2,100,20)	4.42	11	5.06	45
(5,100,10)	3.99	−23	2.84	−1

续表

(RS, *S*, *N*)	SL-C/‰	SL-T/%	DSL-C/‰	DSL-T/%
(5,100,11)	6.85	37	3.75	47
(5,100,12)	7.34	−107	3.84	54
(5,100,13)	4.44	52	4.74	52
(5,100,14)	5.02	19	4.79	57
(5,100,15)	5.47	0	5.40	61
(5,100,16)	5.32	−36	5.52	63
(5,100,17)	5.69	59	6.71	54
(5,100,18)	5.75	52	6.58	57
(5,100,19)	6.56	61	4.97	59
(5,100,20)	8.82	8	5.75	59

由表 5.4 可知，问题下界的估计效果和计算时间取决于分组规则和分组数量。对于分组，基于相异性分组策略的上界估计效果好于基于相似性分组策略的上界估计效果（即与 G 算法求解得到的目标函数值差距较小），求解时间也更短（与 G 算法相比节约的计算时间更多）。对于分组数量，分组数量越多问题下界的估计效果越差，而求解时间会先逐渐降低再升高，这是因为增多分组数量会减少下界估计问题的决策变量，进而降低求解复杂度，但是分组数量增加会使得求解问题的数量变多，造成求解时间的增加。根据观察，当将每个情景组中的情景数量控制在 8 个左右时，问题下界的估计效果和计算时间的节约将会取得一个比较好的平衡。

最后，为比较用 SBB-L 算法和 SBB-LG 算法的求解效果和效率，本书比较了 SBB-L 算法和 SBB-LG 算法求解如下设置的算例的结果：客户数量 $I=200$，情景数量 $S=100$，情景中发生限行概率为 $\alpha=0.2,0.4,0.6$，限行措施类型

$RS = 1,2,3,4,5,6$。SBB-LG 算法中分组数量为 12，并采用相异性分组策略，具体比较结果见表 5.5。其中 (α, S) 表示不同的限行措施执行概率和情景数量，C_saving 和 P_saving 分别表示相对于 SBB-L 算法、SBB-LG 算法求得的解所节约的总成本和采购成本的比例，T_saving 表示求解时间的减少比例，而 SBB-L_sol 和 SBB-LG_sol 表示所得的第一阶段解。

表 5.5　SBB-L 算法与 SBB-LG 算法的求解比较

算例	(α, RS)	C_saving/%	P_saving/%	T_saving/%	SBB-L_sol	SBB-LG_sol
1	(0.2,1)	0.60	0.00	43.70	(0,3,5,1,0)	(0,3,5,1,0)
2	(0.2,2)	1.40	7.75	54.56	(0,3,5,1,0)	(0,3,5,0,0)
3	(0.2,3)	2.05	5.84	42.18	(0,4,5,1,0)	(0,3,5,1,0)
4	(0.4,1)	0.58	0.00	41.43	(0,3,5,1,0)	(0,3,5,1,0)
5	(0.4,2)	1.03	5.84	46.45	(0,4,5,1,0)	(0,3,5,1,0)
6	(0.4,3)	1.07	5.84	47.98	(2,3,4,5,3)	(0,3,5,1,1)
7	(0.6,1)	−0.28	0.00	53.43	(0,3,5,1,0)	(0,3,5,1,0)
8	(0.6,2)	0.58	0.00	44.48	(0,4,5,1,0)	(0,3,5,1,0)
9	(0.6,3)	0.63	0.00	44.33	(0,4,5,1,0)	(0,3,5,0,1)
10	(0.2,4)	0.58	0.00	42.81	(0,4,5,1,0)	(0,3,5,1,0)
11	(0.2,5)	1.05	5.84	49.81	(0,3,5,1,0)	(0,3,5,0,1)
12	(0.2,6)	2.07	8.28	48.28	(0,3,5,1,1)	(0,3,5,1,1)
13	(0.4,4)	2.11	5.84	38.05	(0,3,5,1,0)	(0,3,5,0,1)
14	(0.4,5)	−0.45	0.00	51.86	(0,3,5,1,0)	(0,3,5,1,0)
15	(0.4,6)	0.89	0.00	63.08	(0,3,5,1,0)	(0,3,5,1,0)
16	(0.6,4)	0.15	6.20	48.11	(0,3,5,1,0)	(0,3,5,1,0)
17	(0.6,5)	−0.46	0.00	45.80	(0,3,5,1,0)	(0,3,5,0,1)
18	(0.6,6)	0.56	0.00	30.83	(0,3,5,1,1)	(0,3,5,1,1)

由表 5.5 可知，SBB-LG 算法的求解效果略好于 SBB-L 算法，且求解速度远远快于 SBB-L 算法。具体来说，在总成本方面，SBB-LG 算法在大部分算例上所得的结果都可以减少总成本，最高可达 2.11%，只有在算例 7、14 和 17 中 SBB-LG 算法求得方案的总成本会略微增加；在设备和车辆的采购总成本方面，SBB-LG 所得方案的采购总成本均不高于 SBB-L 算法，且在一部分算例上，SBB-LG 算法所得方案可以减少采购总成本；在采购决策方面，两种算法所得的配置决策基本一致，且在一部分算例上，SBB-LG 算法可以减少设备或车辆的采购数量，同时又不增加日常生产作业成本。另外，在求解效率上，可以看出 SBB-LG 算法可以有效地减少求解时间，提高求解效率。综上所述，本书提出的 SBB-LG 算法可以高效快速地求解大规模算例中的二阶段随机规划问题。

最后，利用本书的 SBB-LG 算法求解算例，比较不同车辆限行措施类型和执行概率对企业采购决策的影响，为企业在不同城市加工配送中心的配送车队车辆配置决策提供管理启示奠定基础。算例具体设置如下：客户数量 $I = 400$，情景数量 $S = 100$，情景中发生限行概率为 $\alpha = 0.2, 0.4, 0.6$，限行措施类型 $\mathrm{RS} = 1,2,3,4,5,6$。表 5.6 给出了 SBB-LG 算法求解上述算例的结果。除了总成本 TC（单位：元）、采购成本 PRC（单位：10000 元）和日常运营成本 OPC（单位：元）以外，表中还比较了不同算例下新能源车辆采购数量占总车辆采购数量的比例 EVP。

表 5.6 SBB-LG 算法求解不同生产-配送资源优化问题算例的结果

算例	(α,RS)	TC	PRC	OPC	EVP/%
1	(0.2,1)	5986	535	3546	40
2	(0.2,2)	6226	605	3506	34

续表

算例	(α,RS)	TC	PRC	OPC	EVP/%
3	(0.2,3)	6443	680	3323	41
4	(0.4,1)	6032	535	3592	40
5	(0.4,2)	6176	590	3416	50
6	(0.4,3)	6352	650	3252	56
7	(0.6,1)	6069	555	3429	58
8	(0.6,2)	6193	595	3253	76
9	(0.6,3)	6346	665	3086	71
10	(0.2,4)	5934	485	3774	32
11	(0.2,5)	5934	485	3774	32
12	(0.2,6)	5962	515	3562	50
13	(0.4,4)	5932	480	3812	29
14	(0.4,5)	5934	485	3774	32
15	(0.4,6)	5980	515	3560	53
16	(0.6,4)	5933	485	3773	32
17	(0.6,5)	5918	485	3774	32
18	(0.6,6)	5986	525	3506	56

从表 5.6 可以看出，为了保证车辆限行条件下的日常配送需要，车队中的新能源车辆比例需要始终保持在 29%以上，单双号传统能源车辆数量基本相等。在空气污染较严重（车辆限行措施执行概率比较大）或/和限行措施比较严格的城市（限行时长长或区域大）的城市，企业不仅需要购买更多的车辆，而且其中新能源车辆所占比例也随之增加（最高达 76%）。通过比较两种不同的车辆限行措施下企业的车辆配置决策，可以看出，相比于按区域执行车辆限行措施城市，企业在按时间段实行车辆限行措施的城市中，需要采购更多的配送车辆，但企业的日常生产配送作业成本却会降低。最后，本书还探讨了不同车辆限行措施执行概率下，

企业的车辆配置决策。在执行按时间段限行措施的城市中，企业车队车辆的数量与限行执行概率以及限行时长成正比。同一限行时长下，新能源车辆在车队中所占比例与限行措施执行概率成正比。当限行措施执行概率较大时（$\alpha = 0.4, 0.6$），随着限行时长的增加，新能源车辆在车队中的比例增大。在执行按区域限行措施的城市中，企业车队的车辆总数保持不变，但是其中新能源车辆所占比例与限行执行概率和限行区域的大小成正比，特别是在限行范围扩大到全市时，无论限行执行的概率大小，新能源车辆所占比例都在 50%以上。

5.2.3 基于序贯调度的迭代启发式算法表现分析

为了验证基于序贯调度迭代启发式算法（iterative sequential scheduling heuristic algorithm，ISS）的有效性，本书进行了以下两个数据实验：为了验证 ISS 的有效性，本书比较了 ISS 与序贯调度（ad-hoc sequential scheduling，AHSS）算法、适应性大规模邻居搜索（adatptive large neighbor search，ALNS）算法[105]和 G 算法在求解小规模问题算例时得到的结果；为了验证改进的 ISS 有效性，本书比较了 ISS、AHSS 算法和 ALNS 算法在求解大规模问题算例时得到的结果。

表 5.7 列出了用 ISS、AHSS 算法、ALNS 算法和 G 算法求解小规模算例的结果。算例设置为：订单数量 $I = 10, 15$，在售最小销售单元的种类数量 $M = 5, 10, 15$，订单中包含不同最小销售单元数量 O 分别服从 $N(5,2)$、$N(10,2)$、$N(15,2)$ 三种正态分布。基于上述每种算例生成各五个例子。为了方便比较，本书为上述四种求解算法设置了统一的计算时间限制。一般来说，AHSS 算法完成求解一个算例的时间相对于其他三种方法来说是最短的，因此本书将 AHSS 算法求解一个算例的

时间作为其他三种方法求解该算例的时间上限。同时，在实际决策过程中，一个加工配送中心决策通常只有一个小时的时间完成生产-配送作业调度决策以指导当日作业。而相比于生产和配送问题来说，组装问题的求解相对简单，其求解时间几乎可以忽略不计，因此在 AHSS 算法中生产和配送问题的求解时间上限为 1800s。表 5.7 中列出了用四种求解算法求解每一种算例中五个例子得到的平均总成本（A_TC）、平均库存成本（A_HC，包括半成品和成品的存储成本）。同时，表 5.7 还列出了求解同一算例不同例子的结果中，得到的雇佣工人数量方差（L_V）、平均使用车辆数量（V_n）和平均发车车次数量（T_n）。需要指出的是，订单数量为 15 的算例无法读取到电脑分配给 G 算法和 AHSS 算法的内存中，所以上述两种方法无法求解这一种类的算例，相关算例中结果用“*”表示。

表 5.7 四种算法求解生产-配送作业联合调度问题的最优作业计划

(I,M,O)	AHSS		G		ALNS		ISS	
	A_TC	A_HC	A_TC	A_HC	A_TC	A_HC	A_TC	A_HC
(10,5,5)	705	101	629	80	576	0	548	0
(10,5,10)	779	128	703	106	646	0	645	0
(10,5,15)	728	132	669	84	679	6	666	0
(10,10,5)	769	119	710	94	646	0	634	0
(10,10,10)	874	155	795	136	657	0	643	0
(10,10,15)	967	192	915	160	741	4	728	0
(10,15,5)	801	131	731	123	591	0	583	0
(10,15,10)	976	188	973	273	690	0	683	0
(10,15,15)	1061	228	1184	409	677	0	659	0

续表

(*I*,*M*,*O*)	AHSS		G		ALNS		ISS	
	A_TC	A_HC	A_TC	A_HC	A_TC	A_HC	A_TC	A_HC
(15,5,5)	*	*	*	*	673	0	656	0
(15,5,10)	*	*	*	*	737	0	712	0
(15,5,15)	*	*	*	*	742	0	715	0
(15,10,5)	*	*	*	*	699	0	686	0
(15,10,10)	*	*	*	*	816	0	775	0
(15,10,15)	*	*	*	*	854	0	828	0
(15,15,5)	*	*	*	*	737	0	713	0
(15,15,10)	*	*	*	*	829	0	814	0
(15,15,15)	*	*	*	*	926	0	912	0
	L_V	T_n(V_n)	L_V	T_n(V_n)	L_V	T_n(V_n)	L_V	T_n(V_n)
(10,5,5)	0	2(2.8)	6.9	2.2(3)	2.6	2.8(2.8)	2.6	2.8(2.8)
(10,5,10)	0	1.8(2)	2.9	2.6(4)	0	3(4.8)	2.6	3(4.8)
(10,5,15)	0	2(2.4)	2.7	2.2(3.4)	0	3(6)	0	3(6)
(10,10,5)	0	2(2.2)	2.4	2.4(3.8)	0	3(5.4)	0	3(5.4)
(10,10,10)	0	1.6(2)	6.2	2.4(3.6)	2.6	3(4.8)	0	3(4.2)
(10,10,15)	9.4	1.8(2)	4	2.6(4.4)	2.6	3(5.4)	0	3(5.4)
(10,15,5)	0	1.6(2)	22	2.4(3.8)	0	3(3)	0	3(3)
(10,15,10)	10.7	2(2)	8	2.6(3.8)	0	3(5.4)	0	3(5.4)
(10,15,15)	19.2	2(2.4)	2.4	3(4.6)	2.6	3(4.2)	0	3(4.4)
(15,5,5)	*	*	*	*	0	3(2.8)	0	3(2.6)
(15,5,10)	*	*	*	*	2.4	3(3)	2.6	3(3)
(15,5,15)	*	*	*	*	0	3(3)	0	3(3)
(15,10,5)	*	*	*	*	0	3(2.6)	0	3(3)
(15,10,10)	*	*	*	*	6.4	3(5.4)	6.2	3(2.6)
(15,10,15)	*	*	*	*	2.4	3(4.4)	2.4	3(5.4)

续表

(I,M,O)	AHSS		G		ALNS		ISS	
	L_V	T_n(V_n)	L_V	T_n(V_n)	L_V	T_n(V_n)	L_V	T_n(V_n)
(15,15,5)	*	*	*	*	0	3(3)	0	3(3)
(15,15,10)	*	*	*	*	2.4	3(4)	2.4	3(4)
(15,15,15)	*	*	*	*	2.4	3(5.6)	2.4	3(5.6)

表 5.7 表明，在相同的计算时间内，相对于其他求解算法，ISS 可以有效减少加工配送中心的总成本。当订单数量、在售最小销售单元种类数量和订单中最小销售单元的数量增加时，ISS 的表现也是稳定和优秀的。相对于 G 算法和 AHSS 算法来说，ISS 求得的方案所减小的总成本主要来源于减少库存成本。而与 ALNS 算法相比，减小的总成本主要来源于减少的作业成本，这也证明了本书提出的 ISS 算法的邻居搜索算法的有效性。同时，由于 ISS 算法求得的方案比 ALNS 算法求得的方案具有更少的总成本，这证明了本书对于生产和配送问题开发的启发式算法可以有效地对这两个问题的求解进行提高。从人力雇佣决策的一致性角度来说，相比于其他三种算法，使用 ISS 求解所得的工人雇佣决策具有更小的方差，这说明大多数情况下 ISS 提供的工人雇佣方案更鲁棒，可以作为长期方案使用。但是在车辆使用方面，ISS 所得的生产配送方案需要使用更多的车辆和车次。最后，ISS 可以有效地减少加工配送中心总体的作业时间。

表 5.8 给出了 ISS、AHSS 算法和 ALNS 算法求解算例的结果，算例设置为：订单数量 $I=100,150,200$，在售最小销售单元的种类数量 $M=10,20,30$，订单中包含不同最小销售单元数量 O 服从 $N(10,2)$、$N(15,2)$ 两种正态分布。为了探讨不同的最小销售单元数量分布对于算法效果的影响，本书又生成了两种算例，订单数量 $I=100$，$M=20$，在售最小销售单元的种类数量 O 服从 $N(15,2)$、$N(15,4)$、

$N(15,6)$ 三种正态分布。受内存和计算能力限制，这里只比较了 ISS、AHSS 算法和 ALNS 算法的求解表现。同时在 AHSS 算法中嵌入了本书设计的最小销售单元分组指派启发式算法和订单分组排序启发式算法，分别用于求解生产和配送问题，求解时间上限为 1h，使得上述大规模的问题得以求解。表 5.8 中展示了相对于 AHSS 算法和 ALNS 算法，用 ISS 求解大规模例子所节约的总成本（TC_s）、节约的订单组装成本（OPC_s）、节约的订单配送成本（ODC_s）和节约的订单库存成本（OHC_s）。由于节约的最小销售单元成本和最小销售单元的库存成本相对较少，因此表 5.8 中省略这两项成本。

表 5.8 三种算法求解生产-配送作业联合调度问题结果比较

算例	(I,M,O)	AHSS vs. ISS				ALNS vs. ISS			
		TC_s/%	OPC_s/%	ODC_s/%	OHC_s/%	TC_s/%	OPC_s/%	ODC_s/%	OHC_s/%
1	(100,30,15(2))	9.7	12.4	−1.6	78.5	5.3	0.9	−2.9	75.4
2	(150,30,15(2))	10.1	5.1	−1.5	80.6	6.1	1.0	−2.9	71.1
3	(200,30,15(2))	13.9	3.8	−1.9	60.1	4.8	1.5	−0.1	27.5
4	(150,10,15(2))	2.8	4.0	1.2	50.1	1.7	0.2	−2.8	80.2
5	(150,20,15(2))	9.9	13.8	5.9	87.1	6.9	6.9	6.1	79.4
6	(150,30,15(2))	10.1	7.4	−2.3	82.9	6.1	−1.0	−3.0	79.2
7	(150,20,15(2))	9.9	13.8	5.9	87.1	6.9	6.9	6.1	79.4
8	(150,20,15(4))	12.9	5.9	−1.5	92.5	6.6	4.6	−2.3	85.9
9	(150,20,15(6))	26.9	11.4	−1.4	93.9	5.8	−0.9	−4.2	78.7
10	(150,30,10(2))	10.9	10.0	0.5	89.8	1.8	0.0	3.3	17.4
11	(150,30,15(2))	10. 1	5.1	−1.5	80.6	6.1	1.0	−2.9	71.1

注：vs.表示两个方法的对比。

表 5.8 结果表明，相对于 AHSS 算法和 ALNS 算法，ISS 可以有效地减少总成本，这证明了本书通过迭代提高整体决策效果的思路的有效性，即通过不断迭

代，ISS 可以提高多个作业车间之间的协同性，从而使得生产配送过程的衔接更加紧密。可以注意到的是，总体成本的减少很大部分来自订单库存成本的减少，作为代价订单包装和配送的成本则会稍有增加。与 AHSS 算法相比，使用 ISS 求解带来的总体成本的减小程度与订单数量（算例 1～3），在售最小销售单元种类的数量（算例 4～6）和订单中包含最小销售单元数量的方差（算例 7～9）呈正相关关系。然而，当改变订单中包含最小销售单元数量的均值时（算例 9～10），ISS 的这一优势并不随之变化，而是稳定地维持在 10%左右。这一现象表明，迭代带来的求解效率提高使得 ISS 更适合于解决具有更大的产品多样性和更自由的订单组合的问题。这是因为，在 AHSS 算法中信息的传递是单向的，每个作业部门只进行一次决策，这使得最小销售单元的生产车间和订单包装车间需要存储更多的半成品、成品，或者准备更长的提前期去保证后续作业能够按时完成。上述多余成本在 ISS 算法中可以通过迭代增加生产、包装和配送决策之间的信息共享来减小甚至消除。与 ALNS 算法相比，使用 ISS 求解带来的总成本减小程度与在售最小销售单元种类的数量（算例 4～6）和最小销售单元数量的均值（算例 9～10）呈正相关关系。当改变订单数量（算例 1～3）和订单中包含最小销售单元数量的方差（算例 7～9）时，ISS 算法的这一优势并不随之变化，而是稳定地维持在 5%和 6%左右。

5.3 管理启示

针对车辆限行条件下按单生产模式的加工配送中心面临的运营难题，结合上文算例分析，可以得到如下管理启示和决策建议。

（1）在车辆限行的新形势下，企业需要考虑配送参数和客户需求的不确定，对生产设备和车队车辆资源进行优化。本书的研究表明，通过建立和求解二阶段随机规划模型生成的生产和配送资源配置方案可以在不增加日常运营成本的情况下，减少至少一半企业需要采购的设备和车辆的数量，从而降低生产配送运营总成本。

（2）生产和配送资源配置对于减小企业日常生产配送作业成本非常重要。对于半成品和成品（订单）库存空间有限或者库存成本较高的企业，可以根据其需要服务的客户规模（如每天需要生产和配送的订单数量），适当扩大车队规模或更换载重量更大的车辆，并相应地优化生产机器资源，提高生产和配送过程的协同性，从而有效减少中间库存。

（3）在不同的车辆限行措施类型、实施范围和实施频率下，企业最佳的设备和车辆资源配置是不同的。对于实施车辆限行的城市来说，为了满足配送需要，车队中的新能源车辆比例需要保持在29%以上，且单双号传统能源车辆数量基本相等；在空气污染较严重（车辆限行措施执行概率比较大）以及限行措施比较严格的城市（限行时长长或区域大）的城市，企业不仅需要购买更多的车辆，而且车队中的新能源车辆所占比例也随之增加。同时，在按时间段执行限行措施的城市中，企业需要采购更多的配送车辆，但其日常生产配送作业成本却会降低。最后，在实行按时间段限行措施的城市中，企业车队车辆的数量与限行执行概率和限行时长成正比；在同一限行时长下，电动汽车在车队中所占比例与限行措施执行概率成正比；当限行措施执行概率较大时，随着限行时长的增加，车队中的新能源车辆比例也会增大。在执行按区域限行措施的城市中，企业车队的车辆总数保持不变，但是新能源车辆在车队中所占比例与限行执行概率、限行区域的大小都成正比，尤其是当限行范围扩大到全市时，不管限行执行的概率大小，新能源车辆在车队中所占的比例都在 50%以上。

5.4 本章小结

本章以北京某生鲜“农-宅”在线零售企业配送中心的实际运营需求为例进行应用研究，验证本书决策方法的有效性。结果表明，本书生产-配送联合决策的二阶段优化方法在解决车辆限行下的相关物流企业的资源优化和日常调度问题上效果良好。最后，根据实验结果，为车辆限行条件下企业的资源优化决策提供管理启示。

6 结　论

本书针对车辆限行条件下按单生产供应链中的生产-配送联合决策问题，运用随机规划、运筹学、供应链管理等理论与方法，从生产-配送资源优化和生产-配送作业联合调度两个阶段入手，对需求和配送参数不确定条件下的生产-配送联合决策方法做出了探索性研究，提出了一种系统性的解决方法，主要的贡献在于：

（1）提出生产-配送联合决策的二阶段优化方法，将原有的不确定条件下动态的、非结构化的复杂决策问题分解为两个相对独立的结构化问题，并通过二阶段随机规划方法和解传递实现两阶段整体决策，为解决此类不确定条件下包含战略规划和运营计划两阶段的决策问题提供新的理论方法。

根据车辆限行条件下生产-配送联合决策问题特点，基于序贯决策的思想，提出二阶段优化方法，将这一不确定条件下复杂的、非结构化的动态难题分解为资源优化和作业调度这两个相对独立又联系紧密的结构化的静态问题，并通过生产-配送资源优化的二阶段随机规划方法和给定资源决策下的生产-配送作业联合调度方法实现两阶段问题的整体决策，得到使得供应链整体满意的资源配置和日常生产配送调度方案。这一决策方法克服了车辆限行条件下配送时间和配送车辆能力不确定造成的生产配送协同难题，为此类不确定条件下包含长期战略和短期运营的两阶段管理决策问题提供新的理论方法，为解决当前雾霾频发下城市物流相关企业的生产-配送难题，降低日常生产配送成本，提高物流配送服务质量提供决策支持。

（2）提出加入局部搜索和情景分组算法的随机分支定界算法，为解决解空间大、随机参数波动剧烈且情景规模大的二阶段随机整数规划模型提供新方法，为寻求更为科学实用的二阶段随机规划问题求解算法进行了有益探索。

该求解算法针对本书问题特点结合随机分支定界算法求解框架特征，将局部搜索和情景分组算法嵌入随机分支定界算法中，可以有效地缩小问题求解空间、提高问题上界和下界估计效率，克服了随机参数波动剧烈的特点造成的上界估计难点和情景规模大造成的上界和下界估计时计算量增大的难点，为求解随机参数具有此类特征的大规模二阶段随机规划问题提供新工具，且有利于提高相关企业的决策效率。

（3）提出基于序贯调度的迭代启发式算法，为求解含有平行机调度和车辆路径这两个 NP-hard 问题的包含装配作业的生产-配送作业联合调度问题提供新方法，为按单生产模式下的生产-配送作业联合调度问题提供新的决策工具。

该求解算法通过对序贯调度方法进行迭代，并嵌入基于订单分组的平行机调度和车辆路径求解的启发式算法，以快速高效地求解包含装配作业的生产-配送作业联合调度问题，通过分解原问题并迭代求解减小求解规模提高解的科学性和有效性，减轻 NP-hard 问题的求解负担，为此类生产-配送作业联合调度问题的求解提供了新工具，有利于提高此类按单生产企业的日常作业调度决策效率和效果。

按单生产模式下的生产-配送联合决策是近年来学术界和产业界共同关心的课题，特别是在车辆限行这一新条件下，利用随机规划方法处理此类不确定型决策问题是近年来国际上运筹学、管理科学和系统工程等领域备受关注的前沿性研究问题。本书结合随机规划、生产运作管理等理论，在生产-配送联合决策的随机规划理论研究上进行了有益探索，取得了上述研究成果。但是在车辆限行这一背景下，生产-配送联合决策的随机规划领域还是有很多研究工作有待于进一步加深，具体包括：在情景构建方面，考虑拥堵费等车辆限行措施及多种车辆限行措施组合，丰富本书较为单一的车辆限行情景；在建模方面，加入新的决策变量，考虑雇佣第三方物流等应对措施，以期提供全面、科学的决策建议；在算法方面，结合随机参数的特征，进一步深化情景分组策略，降低情景规模，提高上界和下界估计效率，为实践中常见的具有大规模情景的随机规划问题提供科学有效的求解算法。

参 考 文 献

[1] Sarmiento A M, Nagi R. A review of integrated analysis of production-distribution systems[J]. IIE Transactions, 1999, 31(11): 1061-1074.

[2] Chen Z L. Integrated production and outbound distribution scheduling: review and extensions[J]. Operations Research, 2010, 58(1): 130-148.

[3] Vidal C J, Goetschalckx M. Strategic production-distribution models: a critical review with emphasis on global supply chain models[J]. European Journal of Operational Research, 1997, 98(1): 1-18.

[4] Dantzig G B. Stochastic Programming[M]. New York: Springer, 2011.

[5] Rosenhead J, Elton M, Gupta S K. Robustness and optimality as criteria for strategic decisions[J]. Journal of the Operational Research Society, 1972, 24(3): 413-431.

[6] Sahinidis N V. Optimization under uncertainty: state-of-the-art and opportunities[J]. Computers & Chemical Engineering, 2004, 28(6-7): 971-983.

[7] Gabrel V, Murat C, Thiele A. Recent advances in robust optimization: an overview[J]. European Journal of Operational Research, 2014, 235(3): 471-483.

[8] Zadeh L A, Kacprzyk J. Fuzzy Logic for the Management of Uncertainty[M]. New York: Wiley, 1992.

[9] Birge J R, Louveaux F. Introduction to Stochastic Programming[M]. New York: Springer, 2011.

[10] Ahmed S. Two-stage stochastic integer programming: a brief introduction[M]//Gass S I, Harris C M, eds. Encyclopedia of Operations Research and Management Science. New York: Wiley, 2010.

[11] Daskin M S, Coullard C R, Shen Z J M. An inventory-location model: formulation, solution algorithm and computational results[J]. Annals of Operations Research, 2002, 110(1-4): 83-106.

[12] Shen Z J M, Coullard C, Daskin M S. A joint location-inventory model[J]. Transportation Science, 2003, 37(1): 40-55.

[13] Shen Z J M, Daskin M S. Trade-offs between customer service and cost in integrated supply chain design[J]. Manufacturing & Service Operations Management, 2005, 7(3): 188-207.

[14] Cui T, Ouyang Y, Shen Z J M. Reliable facility location design under the risk of disruptions[J]. Operations Research, 2010, 58(4-part-1): 998-1011.

[15] Azad N, Davoudpour H, Saharidis G K D, et al. A new model to mitigating random disruption risks of facility and transportation in supply chain network design[J]. The International Journal of Advanced Manufacturing Technology, 2014, 70(9-12): 1757-1774.

[16] Snyder L V, Daskin M S, Teo C P. The stochastic location model with risk pooling[J]. European Journal of Operational Research, 2007, 179(3): 1221-1238.

[17] Kall P, Wallace S W. Stochastic Programming[M]. Chichester: Wiley, 1994.

[18] Sheppard E S. A conceptual framework for dynamic location-allocation analysis[J]. Environment and Planning A, 1974, 6(5): 547-564.

[19] Snyder L V, Daskin M S. Stochastic p-robust location problems[J]. IIE Transactions, 2006, 38(11): 971-985.

[20] Homem-de-Mello T, Bayraksan G. Monte Carlo sampling-based methods for stochastic optimization[J]. Surveys in Operations Research and Management Science, 2014, 19(1): 56-85.

[21] Santoso T, Ahmed S, Goetschalckx M, et al. A stochastic programming approach for supply chain network design under uncertainty[J]. European Journal of Operational Research, 2005, 167(1): 96-115.

[22] Fattahi M, Mahootchi M, Moattar Husseini S M, et al. Investigating replenishment policies for centralised and decentralised supply chains using stochastic programming approach[J]. International Journal of Production Research, 2015, 53(1): 41-69.

[23] Bidhandi H M, Yusuff R M. Integrated supply chain planning under uncertainty using an improved stochastic approach[J]. Applied Mathematical Modelling, 2011, 35(6): 2618-2630.

[24] Schütz P, Tomasgard A, Ahmed S. Supply chain design under uncertainty using sample average approximation and dual decomposition[J]. European Journal of Operational Research, 2009, 199(2): 409-419.

[25] Romeijnders W, Stougie L, van der Vlerk M H. Approximation in two-stage stochastic integer programming[J]. Surveys in Operations Research and Management Science, 2014, 19(1): 17-33.

[26] Zhang Y, Qi M, Lin W H, et al. A metaheuristic approach to the reliable location routing problem under disruptions[J]. Transportation Research Part E: Logistics and Transportation Review, 2015, 83: 90-110.

[27] Taş D, Dellaert N, van Woensel T, et al. Vehicle routing problem with stochastic travel times including soft time windows and service costs[J]. Computers & Operations Research, 2013, 40(1): 214-224.

[28] Soleimani H, Seyyed-Esfahani M, Shirazi M A. Designing and planning a multi-echelon multi-period multi-product closed-loop supply chain utilizing genetic algorithm[J]. The International Journal of Advanced Manufacturing Technology, 2013, 68(1-4): 917-931.

[29] van Slyke R V, Wets R. L-shaped linear programs with applications to optimal control and stochastic programming[J]. SIAM Journal on Applied Mathematics, 1969,17(4):638-663.

[30] Escudero L F, Garín M A, Pérez G, et al. Lagrangian decomposition for large-scale two-stage stochastic mixed 0-1 problems[J]. TOP, 2012, 20(2): 347-374.

[31] Norkin V I, Ermoliev Y M, Ruszczynski A. On optimal allocation of indivisibles under uncertainty[J]. Operations Research, 1998, 46(3): 381-395.

[32] Norkin V I, Pflug G C, Ruszczynski A. A branch and bound method for stochastic global optimization[J]. Mathematical Programming, 1998, 83: 425-450.

[33] Birge J R, Louveaux F V. A multicut algorithm for two-stage stochastic linear programs[J]. European Journal of Operational Research, 1988, 34(3): 384-392.

[34] Carøe C C, Tind J. L-shaped decomposition of two-stage stochastic programs with integer recourse[J]. Mathematical Programming, 1998, 83: 451-464.

[35] Sen S, Sherali H D. Decomposition with branch-and-cut approaches for two-stage stochastic mixed-integer programming[J]. Mathematical Programming, 2006, 106(2): 203-223.

[36] Marufuzzaman M, Eksioglu S D, Huang Y E. Two-stage stochastic programming supply chain model for biodiesel production via wastewater treatment[J]. Computers & Operations Research, 2014, 49: 1-17.

[37] Kim K, Mehrotra S. A two-stage stochastic integer programming approach to integrated staffing and scheduling with application to nurse management[J]. Operations Research, 2015, 63(6): 1431-1451.

[38] Qi Y, Sen S. The Ancestral Benders' cutting plane algorithm with multi-term disjunctions for mixed-integer recourse decisions in stochastic programming[J]. Mathematical Programming, 2017, 161(1-2): 193-235.

[39] Cobuloglu H I, Büyüktahtakın İ E. A two-stage stochastic mixed-integer programming approach to the competition of biofuel and food production[J]. Computers & Industrial Engineering, 2017, 107: 251-263.

[40] Carøe C C, Schultz R. Dual decomposition in stochastic integer programming[J]. Operations Research Letters, 1999, 24(1): 37-45.

[41] Guo G, Hackebeil G, Ryan S M, et al. Integration of progressive hedging and dual decomposition in stochastic integer programs[J]. Operations Research Letters, 2015, 43(3):311-316.

[42] Escudero L F, Garín M A, Merino M, et al. An algorithmic framework for solving large-scale multistage stochastic mixed 0-1 problems with nonsymmetric scenario trees[J]. Computers & Operations Research, 2012, 39(5): 1133-1144.

[43] Crainic T G, Fu X, Gendreau M, et al. Progressive hedging-based metaheuristics for stochastic network design[J]. Networks, 2011, 58(2):114-124.

[44] Alonso-Ayuso A, Escudero L F, Garìn A, et al. An approach for strategic supply chain planning under uncertainty based on stochastic 0-1 programming[J]. Journal of Global Optimization, 2003, 26(1): 97-124.

[45] Ahmed S, Tawarmalani M, Sahinidis N V. A finite branch-and-bound algorithm for two-stage stochastic integer programs[J]. Mathematical Programming, 2004, 100(2): 355-377.

[46] Andrade R, Lisser A, Maculan N, et al. Enhancing a branch-and-bound algorithm for two-stage stochastic integer network design-based models[J]. Management Science, 2006, 52(9): 1450-1455.

[47] Sherali H D, Zhu X. On solving discrete two-stage stochastic programs having mixed-integer first-and second-stage variables[J]. Mathematical Programming, 2006, 108(2): 597-616.

[48] Sölveling G, Clarke J P. Scheduling of airport runway operations using stochastic branch and bound methods[J]. Transportation Research Part C: Emerging Technologies, 2014, 45: 119-137.

[49] Yang L, Zhang Y, Li S, et al. A two-stage stochastic optimization model for the transfer activity choice in metro networks[J]. Transportation Research Part B: Methodological, 2016, 83: 271-297.

[50] Munguía L M, Oxberry G, Rajan D. PIPS-SBB: a parallel distributed-memory branch-and-bound algorithm for stochastic mixed-integer programs[C]. 2016 IEEE International Parallel and Distributed Processing Symposium Workshops, 2016: 730-739.

[51] Maggioni F, Allevi E, Bertocchi M. Monotonic bounds in multistage mixed-integer stochastic programming[J]. Computational Management Science, 2016, 13(3): 423-457.

[52] Sandıkçı B, Kong N, Schaefer A J. A hierarchy of bounds for stochastic mixed-integer programs[J]. Mathematical Programming, 2013, 138(1-2): 253-272.

[53] Crainic T G, Hewitt M, Rei W. Scenario grouping in a progressive hedging-based meta-heuristic for stochastic network design[J]. Computers & Operations Research, 2014, 43: 90-99.

[54] Escudero L F, Garín M A, Pérez G, et al. Scenario cluster decomposition of the Lagrangian dual in two-stage stochastic mixed 0-1 optimization[J]. Computers & Operations Research, 2013, 40(1): 362-377.

[55] Aldasoro U, Escudero L F, Merino M, et al. An algorithmic framework for solving large-scale multistage stochastic mixed 0-1 problems with nonsymmetric scenario trees. Part II: parallelization[J]. Computers & Operations Research, 2013, 40(12): 2950-2960.

[56] Heitsch H, Römisch W. A note on scenario reduction for two-stage stochastic programs[J]. Operations Research Letters, 2007, 35(6): 731-738.

[57] MirHassani S A, Lucas C, Mitra G, et al. Computational solution of capacity planning models under uncertainty[J]. Parallel Computing, 2000, 26(5): 511-538.

[58] Goh M, Lim J Y S, Meng F. A stochastic model for risk management in global supply chain networks[J]. European Journal of Operational Research, 2007, 182(1): 164-173.

[59] Simchi-Levi D, Simchi-Levi E, Kaminsky P. Designing and Managing the Supply Chain: Concepts, Strategies, and Cases[M]. Irwin: McGraw-Hill, 1999.

[60] 秦绪伟, 范玉顺, 尹朝万. 随机需求下的选址-库存配送系统集成规划模型及算法[J]. 控制理论与应用, 2006, 23(6): 853-860.

[61] 任鸣鸣, 杨超, 何波. 需求不确定状态下的工厂选址和规模决策的综合优化方法[J]. 系统工程, 2007, 25(6): 1-3.

[62] 李学迁, 吴勤旻, 朱道立. 具有随机需求的多商品流闭环供应链均衡模型[J]. 系统工程, 2011, 29(10): 51-57.

[63] 张人千. 随机需求与随机生产环境下的综合能力规划研究[J]. 系统工程理论与实践, 2007, 27(1): 51-59.

[64] Heckmann I, Comes T, Nickel S. A critical review on supply chain risk—definition, measure and modeling[J]. Omega, 2015, 52: 119-132.

[65] Ho W, Zheng T, Yildiz H, et al. Supply chain risk management: a literature review[J]. International Journal of Production Research, 2015, 53(16): 5031-5069.

[66] 葛洪磊, 刘南. 复杂灾害情景下应急资源配置的随机规划模型[J]. 系统工程理论与实践, 2014, 34(12): 3034-3042.

[67] 王海军, 刘畅, 王婧. 应急储备库选址与资源配置随机规划模型研究[J]. 管理学报, 2013, 10(10): 1507-1511.

[68] Govindan K, Fattahi M, Keyvanshokooh E. Supply chain network design under uncertainty: a comprehensive review and future research directions[J]. European Journal of Operational Research, 2017, 263(1): 108-141.

[69] Davarzani H, Rezapour S. Supply network design[M]//Farahani R Z, Asgari N, Davarzani H, eds. Supply Chain and Logistics in National, International and Governmental Environment. Physica-Verlag: Springer, 2009.

[70] Dillon M, Oliveira F, Abbasi B. A two-stage stochastic programming model for inventory management in the blood supply chain[J]. International Journal of Production Economics, 2017, 187: 27-41.

[71] Lei C, Lin W H, Miao L. A multicut L-shaped based algorithm to solve a stochastic programming model for the mobile facility routing and scheduling problem[J]. European Journal of Operational Research, 2014, 238(3): 699-710.

[72] Sadjady H, Davoudpour H. Two-echelon, multi-commodity supply chain network design with mode selection, lead-times and inventory costs[J]. Computers & Operations Research, 2012, 39(7): 1345-1354.

[73] Parisio A, Jones C N. A two-stage stochastic programming approach to employee scheduling in retail outlets with uncertain demand[J]. Omega, 2015, 53: 97-103.

[74] Singh A R, Jain R, Mishra P K. Capacities-based supply chain network design considering demand uncertainty using two-stage stochastic programming[J]. The International Journal of Advanced Manufacturing Technology, 2013, 69(1-4): 555-562.

[75] Döyen A, Aras N, Barbarosoğlu G. A two-echelon stochastic facility location model for humanitarian relief logistics[J]. Optimization Letters, 2012, 6(6): 1123-1145.

[76] Chen C W, Fan Y. Bioethanol supply chain system planning under supply and demand uncertainties[J]. Transportation Research Part E: Logistics and Transportation Review, 2012, 48(1): 150-164.

[77] Chen Z L. Integrated production and distribution operations[M]//Simchi-Levi D, Wu S D, Shen Z J M, eds. Handbook of Quantitative Supply Chain Analysis: Modeling in the E-Business Era. New York: Springer, 2004.

[78] Fahimnia B, Farahani R Z, Marian R, et al. A review and critique on integrated production-distribution planning models and techniques[J]. Journal of Manufacturing Systems, 2013, 32(1): 1-19.

[79] Wang D Y, Grunder O, Moudni A E. Integrated scheduling of production and distribution operations: a review[J]. International Journal of Industrial and Systems Engineering, 2014, 19(1): 94-122.

[80] Adulyasak Y, Cordeau J F, Jans R. The production routing problem: a review of formulations and solution algorithms[J]. Computers & Operations Research, 2015, 55: 141-152.

[81] Moons S, Ramaekers K, Caris A, et al. Integrating production scheduling and vehicle routing decisions at the operational decision level: a review and discussion[J]. Computers & Industrial Engineering, 2017, 104: 224-245.

[82] Chandra P. A dynamic distribution model with warehouse and customer replenishment requirements[J]. Journal of the Operational Research Society, 1993, 44(7):681-692.

[83] Chandra P, Fisher M L. Coordination of production and distribution planning[J]. European Journal of Operational Research, 1994, 72(3): 503-517.

[84] Boudia M, Louly M A O, Prins C. A reactive GRASP and path relinking for a combined production-distribution problem[J]. Computers & Operations Research, 2007, 34(11): 3402-3419.

[85] Boudia M, Prins C. A memetic algorithm with dynamic population management for an integrated production-distribution problem[J]. European Journal of Operational Research, 2009, 195(3): 703-715.

[86] Adulyasak Y, Cordeau J F, Jans R. Optimization-based adaptive large neighborhood search for the production routing problem[J]. Transportation Science, 2012, 48(1): 20-45.

[87] Low C, Chang C M, Li R K, et al. Coordination of production scheduling and delivery problems with heterogeneous fleet[J]. International Journal of Production Economics, 2014, 153(C): 139-148.

[88] Amorim P, Belo-Filho M A F, Toledo F M B, et al. Lot sizing versus batching in the production and distribution planning of perishable goods[J]. International Journal of Production Economics. 2013, 146(1): 208-218.

[89] Armstrong R, Gao S, Lei L. A zero-inventory production and distribution problem with a fixed customer sequence[J]. Annals of Operations Research, 2008, 159(1): 395-414.

[90] Viergutz C, Knust S. Integrated production and distribution scheduling with lifespan constraints[J]. Annals of Operations Research, 2014, 213(1): 293-318.

[91] Geismar H N, Laporte G, Lei L, et al. The integrated production and transportation scheduling problem for a product with a short lifespan[J]. INFORMS Journal on Computing, 2008, 20(1): 21-33.

[92] Gao S, Qi L, Lei L. Integrated batch production and distribution scheduling with limited vehicle capacity[J]. International Journal of Production Economics, 2015, 160: 13-25.

[93] Russell R, Chiang W C, Zepeda D. Integrating multi-product production and distribution in newspaper logistics[J]. Computers & Operations Research, 2008, 35(5): 1576-1588.

[94] Chen Z L, Vairaktarakis G L. Integrated scheduling of production and distribution operations[J]. Management Science, 2005, 51(4): 614-628.

[95] Fahimnia B, Luong L, Marian R. Genetic algorithm optimisation of an integrated aggregate production-distribution plan in supply chains[J]. International Journal of Production Research, 2012, 50(1): 81-96.

[96] Honkomp S J, Lombardo S, Rosen O, et al. The curse of reality-why process scheduling optimization problems are difficult in practice[J]. Computers & Chemical Engineering, 2000, 24(2-7): 323-328.

[97] Akkerman R, van Donk D P. Product prioritization in a two-stage food production system with intermediate storage[J]. International Journal of Production Economics, 2007, 108(1): 43-53.

[98] Akkerman R, van Donk D P. Product mix variability with correlated demand in two-stage food manufacturing with intermediate storage[J]. International Journal of Production Economics, 2009, 121(2): 313-322.

[99] Baumann P, Trautmann N. A continuous-time MILP model for short-term scheduling of make-and-pack production processes[J]. International Journal of Production Research, 2013, 51(6): 1707-1727.

[100] Baumann P, Trautmann N. A hybrid method for large-scale short-term scheduling of make-and-pack production processes[J]. European Journal of Operational Research, 2014, 236(2): 718-735.

[101] Lütke Entrup M, Günther H O, van Beek P, et al. Mixed-integer linear programming approaches to shelf-life-integrated planning and scheduling in yoghurt production[J]. International Journal of Production Research, 2005, 43(23): 5071-5100.

[102] Ruokokoski M, Solyali O, Cordeau J F, et al. Efficient formulations and a branch-and-cut algorithm for a production-routing problem[R]. GERAD Technical Report G-2010-66, 2010: 1-29.

[103] Bard J F, Nananukul N. A branch-and-price algorithm for an integrated production and inventory routing problem[J]. Computers & Operations Research, 2010, 37(12): 2202-2217.

[104] Archetti C, Bertazzi L, Paletta G, et al. Analysis of the maximum level policy in a production-distribution system[J]. Computers & Operations Research, 2011, 38(12): 1731-1746.

[105] Belo-Filho M A F, Amorim P, Almada-Lobo B. An adaptive large neighbourhood search for the operational integrated production and distribution problem of perishable products[J]. International Journal of Production Research, 2015, 53(20): 6040-6058.

[106] Zachariadis E E, Tarantilis C D, Kiranoudis C T. A guided tabu search for the vehicle routing problem with two-dimensional loading constraints[J]. European Journal of Operational Research, 2009, 195(3): 729-743.

[107] Polat O, Kalayci C B, Kulak O, et al. A perturbation based variable neighborhood search heuristic for solving the vehicle routing problem with simultaneous pickup and delivery with time limit[J]. European Journal of Operational Research, 2015, 242(2): 369-382.

[108] Pantuso G, Fagerholt K, Wallace S W. Uncertainty in fleet renewal: a case from maritime transportation[J]. Transportation Science, 2015, 50(2): 390-407.

[109] Hartman J C, Tan C H. Equipment replacement analysis: a literature review and directions for future research[J]. The Engineering Economist, 2014, 59(2): 136-153.

[110] Rajagopalan S. Capacity expansion and equipment replacement: a unified approach[J]. Operations Research, 1998, 46(6): 846-857.

[111] Hritonenko N, Yatsenko Y. Fleet replacement under technological shocks[J]. Annals of Operations Research, 2012, 196(1): 311-331.

[112] Hritonenko N, Yatsenko Y. Optimal equipment replacement without paradoxes: a continuous analysis[J]. Operations Research Letters, 2007, 35(2): 245-250.

[113] Chand S, McClurg T, Ward J. A model for parallel machine replacement with capacity expansion[J]. European Journal of Operational Research, 2000, 121(3): 519-531.

[114] Bethuyne G. Optimal replacement under variable intensity of utilization and technological progress[J]. The Engineering Economist, 1998, 43(2): 85-105.

[115] Yatsenko Y, Hritonenko N. Algorithms for asset replacement under limited technological forecast[J]. International Journal of Production Economics, 2015, 160: 26-33.

[116] Yatsenko Y, Hritonenko N. Asset replacement under improving operating and capital costs: a practical approach[J]. International Journal of Production Research, 2016, 54(10): 2922-2933.

[117] Kleindorfer P R, Neboian A, Roset A, et al. Fleet renewal with electric vehicles at La Poste[J]. Interfaces, 2012, 42(5): 465-477.

[118] Neboian A, Spinler S. Fleet replacement, technology choice, and the option to breach a leasing contract[J]. Decision Sciences, 2015, 46(1): 7-35.

[119] Ansaripoor A H, Oliveira F S. Flexible lease contracts in the fleet replacement problem with alternative fuel vehicles: a real-options approach[J]. European Journal of Operational Research, 2018, 266(1): 316-327.

[120] Drake D F, Kleindorfer P R, van Wassenhove L N. Technology choice and capacity portfolios under emissions regulation[J]. Production and Operations Management, 2016, 25(6): 1006-1025.

[121] Kirby D. Is your fleet the right size? [J]. Journal of the Operational Research Society, 1959, 10(4): 252.

[122] Golden B, Assad A, Levy L, et al. The fleet size and mix vehicle routing problem[J]. Computers & Operations Research, 1984, 11(1): 49-66.

[123] Salhi S, Rand G K. Incorporating vehicle routing into the vehicle fleet composition problem[J]. European Journal of Operational Research, 1993, 66(3): 313-330.

[124] Hoff A, Andersson H, Christiansen M, et al. Industrial aspects and literature survey: fleet composition and routing[J]. Computers & Operations Research, 2010, 37(12): 2041-2061.

[125] Pessoa A, Uchoa E, de Aragão M P. A robust branch-cut-and-price algorithm for the heterogeneous fleet vehicle routing problem[J]. Networks, 2009, 54(4): 167-177.

[126] Baldacci R, Bartolini E, Mingozzi A, et al. An exact solution framework for a broad class of vehicle routing problems[J]. Computational Management Science, 2010, 7(3): 229-268.

[127] Choi E, Tcha D W. A column generation approach to the heterogeneous fleet vehicle routing problem[J]. Computers & Operations Research, 2007, 34(7): 2080-2095.

[128] Baldacci R, Mingozzi A. A unified exact method for solving different classes of vehicle routing problems[J]. Mathematical Programming, 2009, 120(2): 347.

[129] Jabali O, Gendreau M, Laporte G. A continuous approximation model for the fleet composition problem[J]. Transportation Research Part B: Methodological, 2012, 46(10): 1591-1606.

[130] Nourinejad M, Roorda M J. A continuous approximation model for the fleet composition problem on the rectangular grid[J]. OR spectrum, 2017, 39(2): 373-401.

[131] Brandão J. A deterministic tabu search algorithm for the fleet size and mix vehicle routing problem[J]. European Journal of Operational Research, 2009, 195(3): 716-728.

[132] Baniamerian A, Bashiri M, Zabihi F. Two phase genetic algorithm for vehicle routing and scheduling problem with cross-docking and time windows considering customer satisfaction[J]. Journal of Industrial Engineering International, 2018, 14: 15-30.

[133] Sayarshad H R, Ghoseiri K. A simulated annealing approach for the multi-periodic rail-car fleet sizing problem[J]. Computers & Operations Research, 2009, 36(6): 1789-1799.

[134] Loxton R, Lin Q, Teo K L. A stochastic fleet composition problem[J]. Computers & Operations Research, 2012, 39(12): 3177-3184.

[135] Mardaneh E, Lin Q, Loxton R. A heuristic algorithm for optimal fleet composition with vehicle routing considerations[J]. Optimization Methods and Software, 2016, 31(2): 272-289.

[136] Bakkehaug R, Eidem E S, Fagerholt K, et al. A stochastic programming formulation for strategic fleet renewal in shipping[J]. Transportation Research Part E: Logistics and Transportation Review, 2014, 72: 60-76.

[137] Hiermann G, Puchinger J, Ropke S, et al. The electric fleet size and mix vehicle routing problem with time windows and recharging stations[J]. European Journal of Operational Research, 2016, 252(3): 995-1018.

[138] Lahyani R, Coelho L C, Renaud J. Alternative formulations and improved bounds for the multi-depot fleet size and mix vehicle routing[R]. Faculté des Sciences de l'Administration: Université Laval, 2015.

[139] Loxton R, Lin Q. Optimal fleet composition via dynamic programming and golden section search[J]. Journal of Industrial and management optimization, 2011, 7(4): 875-890.

[140] Pasha U, Hoff A, Hvattum L M. Simple heuristics for the multi-period fleet size and mix vehicle routing problem[J]. INFOR: Information Systems and Operational Research, 2016, 54(2): 97-120.

[141] Lei C, Lin W H, Miao L. A two-stage robust optimization approach for the mobile facility fleet sizing and routing problem under uncertainty[J]. Computers & Operations Research, 2016, 67: 75-89.

[142] Steven I, Chien J, Gao S, et al. Fleet size estimation for spreading operation considering road geometry, weather and traffic[J]. Journal of Traffic and Transportation Engineering, 2014, 1(1): 1-12.

[143] Koç Ç, Bektaş T, Jabali O, et al. The fleet size and mix pollution-routing problem[J]. Transportation Research Part B: Methodological, 2014, 70: 239-254.

[144] Koç Ç, Bektaş T, Jabali O, et al. The impact of depot location, fleet composition and routing on emissions in city logistics[J]. Transportation Research Part B: Methodological, 2016, 84: 81-102.

[145] Palencia J C G, Furubayashi T, Nakata T. Energy use and CO_2 emissions reduction potential in passenger car fleet using zero emission vehicles and lightweight materials[J]. Energy, 2012, 48(1): 548-565.

[146] Franceschetti A, Honhon D, Laporte G, et al. Strategic fleet planning for city logistics[J]. Transportation Research Part B: Methodological, 2017, 95: 19-40.

[147] Rogge M, van der Hurk E, Larsen A, et al. Electric bus fleet size and mix problem with optimization of charging infrastructure[J]. Applied Energy, 2018, 211: 282-295.

[148] van der Laan E, Salomon M, Dekker R. An investigation of lead-time effects in manufacturing/remanufacturing systems under simple PUSH and PULL control strategies[J]. European Journal of Operational Research, 1999, 115(1): 195-214.

[149] Desrochers M, Laporte G. Improvements and extensions to the Miller-Tucker-Zemlin subtour elimination constraints[J]. Operations Research Letters, 1991, 10(1): 27-36.

附 录

加工配送中心作业参数

表 A.1 62 种常见生鲜蔬果和相关最小销售单元生产作业参数

序号	蔬果名称	包装类型	重量/kg	单位生产时间/s	单位生产成本/元	单位库存成本/元
1	芦笋	捆绑	0.5	8	0.1	0.05
2	芥蓝	捆绑	0.5	8	0.1	0.05
3	芹菜	捆绑	0.5	8	0.1	0.05
4	大葱	捆绑	0.5	8	0.1	0.05
5	胡荽	捆绑	0.1	8	0.1	0.05
6	茴香	捆绑	0.5	8	0.1	0.05
7	茼蒿	捆绑	0.5	8	0.1	0.05
8	韭菜	捆绑	0.5	8	0.1	0.05
9	生菜	捆绑	0.5	8	0.1	0.05
10	油菜	捆绑	0.5	8	0.1	0.05
11	菠菜	捆绑	0.5	8	0.1	0.05
12	豇豆	捆绑	0.5	8	0.1	0.05
13	蒜薹	捆绑	0.5	8	0.1	0.03
14	卷心菜	切割	0.5	12	0.3	0.02
15	白菜	切割	1.5	12	0.3	0.02

续表

序号	蔬果名称	包装类型	重量/kg	单位生产时间/s	单位生产成本/元	单位库存成本/元
16	山药	切割	0.5	12	0.3	0.02
17	铁棍山药	切割	0.5	12	0.3	0.02
18	荔浦芋头	切割	0.5	12	0.3	0.02
19	南瓜	切割	0.5	12	0.3	0.01
20	冬瓜	切割	0.5	12	0.3	0.01
21	甘蓝	切割	1	12	0.3	0.02
22	苹果	托盘	0.5	10	0.4	0.04
23	杏	托盘	0.5	10	0.4	0.08
24	莴笋	托盘	1.5	5	0.3	0.04
25	白萝卜	托盘	0.5	8	0.4	0.03
26	西兰花	托盘	0.5	5	0.2	0.04
27	胡萝卜	托盘	0.5	8	0.4	0.02
28	菜花	托盘	1	5	0.2	0.04
29	西葫芦	托盘	1	5	0.2	0.02
30	金针菇	托盘	0.2	8	0.4	0.04
31	大蒜	托盘	0.2	8	0.4	0.04
32	姜	托盘	0.2	8	0.4	0.03
33	黄瓜	托盘	0.5	8	0.4	0.04
34	青萝卜	托盘	1	5	0.2	0.02
35	紫茄子	托盘	0.5	8	0.4	0.03
36	四季豆	托盘	0.5	8	0.4	0.05
37	洋葱	托盘	0.2	8	0.4	0.03
38	尖辣椒	托盘	0.5	8	0.4	0.04

续表

序号	蔬果名称	包装类型	重量/kg	单位生产时间/s	单位生产成本/元	单位库存成本/元
39	甜辣椒	托盘	0.5	8	0.4	0.04
40	彩椒	托盘	0.5	8	0.4	0.06
41	杭椒	托盘	0.5	8	0.4	0.06
42	李子	托盘	0.5	10	0.4	0.06
43	土豆	托盘	0.5	8	0.4	0.02
44	紫薯	托盘	0.5	8	0.4	0.01
45	圆茄子	托盘	0.5	8	0.4	0.03
46	旱黄瓜	托盘	0.5	8	0.4	0.04
47	水萝卜	托盘	0.5	8	0.4	0.03
48	芸豆	托盘	0.5	8	0.4	0.05
49	地瓜	托盘	0.5	5	0.2	0.01
50	芜青	托盘	0.5	5	0.3	0.02
51	番茄	托盘	0.5	10	0.4	0.06
52	穿心莲	装盒	0.2	10	0.4	0.05
53	樱桃	装盒	0.5	10	0.4	0.06
54	圣女果	装盒	0.5	12	0.4	0.06
55	葡萄	装盒	0.5	10	0.4	0.08
56	豌豆	装盒	0.2	10	0.4	0.05
57	毛豆	装盒	0.2	10	0.4	0.05
58	三七	装盒	0.2	10	0.4	0.05
59	鸡毛菜	装盒	0.2	10	0.4	0.05
60	香菇	装盒	0.2	10	0.4	0.03
61	荷兰豆	装盒	0.2	10	0.4	0.05
62	豆芽	装盒	0.2	10	0.4	0.05

表 A.2　最小销售单元不同生产模式下的转换成本　　单位：元/s

	捆绑	切割	托盘	装盒	空闲
捆绑	0.00/0	3.20/32	1.80/18	1.80/18	5.00/100
切割	2.40/24	0.00/0	2.40/24	2.40/24	5.00/100
托盘	1.80/18	3.20/32	0.00/0	1.80/18	5.00/100
装盒	1.80/18	3.00/30	1.80/18	0.00/0	5.00/100
空闲	5.00/100	5.00/100	5.00/100	5.00/100	0.00/0

表 A.3　订单包装作业参数

参数类别	参数名称	参数值
机器相关参数	机器开启成本/元	50.00
	订单包装成本/元	0.50+0.1×订单包含 MSU 数量
	订单包装时间/s	20.00+2×订单包含 MSU 数量
人工相关参数	临时工单位周期工资/元	8.00
	正式工每天工资/元	40.00
	临时工工作效率	1
	正式工工作效率	0.8
订单库存成本	订单单位时间库存成本/元	0.0005×订单包含 MSU 数量

注：MSU 表示最小销售单元。

